experimento aberto

invenções no ensaio e na crítica

experimento aberto

invenções no ensaio e na crítica

Relicário

FAPERJ

Felipe Charbel, Ieda Magri,
Rafael Gutiérrez (Orgs.)

DADOS INTERNACIONAIS DE CATALOGAÇÃO NA PUBLICAÇÃO (CIP) DE ACORDO COM ISBD

E96

Experimento aberto: invenções no ensaio e na crítica / organizado por Felipe Charbel, Ieda Magri, Rafael Gutiérrez. - Belo Horizonte : Relicário, 2021.
168 p. : il. ; 15cm x 22cm

Inclui bibliografia e índice
ISBN: 978-65-89889-13-7

1. Literatura. 2. Crítica literária. 3. Ensaio. I. Charbel, Felipe. II. Magri, Ieda. III. Gutiérrez, Rafael. IV. Título.

2021-2848 CDD 809
CDU 82.09

COORDENAÇÃO EDITORIAL Maíra Nassif Passos
ASSISTENTE EDITORIAL Márcia Romano
PROJETO GRÁFICO Ana C. Bahia
DIAGRAMAÇÃO Caroline Gischewski
REVISÃO Lucas Morais

Este livro foi publicado com recursos do edital de apoio à realização de eventos da Faperj.

RELICÁRIO EDIÇÕES
Rua Machado, 155, casa 1, Colégio Batista | Belo Horizonte, MG, 31110-080
contato@relicarioedicoes.com | www.relicarioedicoes.com
@relicarioedicoes /relicario.edicoes

In memorian Tamara Kamenszain (1947–2021)

NOTA DE ABERTURA

Experimento aberto: invenções no ensaio e na crítica reúne textos que transitam entre a crítica literária e a narrativa autobiográfica, e apostam na convocação ao experimento que, desde suas origens, caracteriza o ensaio como um gênero bastante receptivo a todo tipo de aventuras formais. O título da coletânea surgiu da leitura de um ensaio de Teodoro Rennó Assunção, que abre o seu *Extra-vacâncias*: "o ensaio aqui ainda uma vez quer honrar o seu nome, sendo um experimento aberto (isto é, comportando alguma invenção) inclusive com as fronteiras do gênero."

O livro também é parte de um projeto maior, que deu origem a um evento acadêmico, e nasce, num parto de gêmeos, com uma outra coletânea, *Leituras do contemporâneo: literatura e crítica no Brasil e na Argentina*. Por isso, em sua quase totalidade, os autores que assinam os ensaios deste livro são argentinos ou brasileiros que se ocupam, seja como objeto de estudo, seja na prática de experimentação ensaística, do que Alberto Giordano chama de "a escrita do ensaio como ato autobiográfico".

* * *

O texto de Tamara Kamenszain, "Livros pequenos: fragmentos", corresponde à abertura do seu *Libros chiquitos*, da belíssima coleção Lector&s, publicada pela editora Ampersand. Já o de Alberto Giordano é uma seleta de passagens de *El tiempo de la convalecencia*, publicado em 2017 pela Ivan Rosado.

Durante o processo de preparação de *Experimento aberto: invenções no ensaio e na crítica*, recebemos a triste notícia da morte de Tamara Kamenszain. Dedicamos este livro a ela.

Livros pequenos: fragmentos

Tamara Kamenszain
Tradução de Paloma Vidal

Em *Ensaio de voo*, de Paloma Vidal, um livro de 45 páginas — na realidade, de 22 e meia, se considerarmos que só as páginas ímpares estão impressas —, a narradora nos anuncia, no presente, que está escrevendo em uma viagem de avião entre Buenos Aires e São Paulo. Faltam duas horas para chegar ao destino, e ela calcula que, com essa corrida frenética de escrita que está empreendendo no bloco de notas do celular, alcançará umas 55 palavras por minuto, coisa que, no fim da viagem, lhe renderia — "se não paro, se não desacelero, se não levanto a cabeça" — umas 6.600 palavras. Antes de começar a escrever, ela esteve lendo no avião o começo de dois livros que trazia na mala de mão: *La habitación alemana*, de Carla Maliandi, e *Buena alumna*, de Paula Porroni. Esse ciscar ao mesmo tempo em dois livros, cujos enredos são parecidos ("duas moças que fizeram as malas, atravessaram o oceano e foram morar na Europa"), funcionou para ela como um impulso irrefreável de escrita.

Não importa tanto que eu, por minha vez, narre aqui os pormenores de *Ensaio de voo*, em que a escritora se detém em tentar entender o porquê de essas moças terem decidido emigrar de seu país sozinhas, beirando os 40 anos, sem saber muito bem como se virariam ao chegar ao seu destino. Também não importa que eu diga aqui que esses dois começos de livros impulsionam a narradora a se perguntar pelo destino de sua própria irmã, que acabara igualmente de tomar a decisão intempestiva de emigrar para a França sem nenhum plano concreto de sobrevivência. O que importa mesmo, nestas circunstâncias minhas, é que eu confesse que a leitura dessas páginas se transformou, para mim, assim como foram para Vidal os dois começos dos livros das moças, na motivação para começar a escrever este livro. Diferentemente dela, não estou em um avião, nem escrevo no meu telefone, mas, como no caso de *Ensaio de voo* — agora me dou conta de que ela também define o livro como um "ensaio" —, este meu livro começou com um cálculo de palavras. Quando a editora que o encomendou apresentou um contrato que, em uma de suas cláusulas, fazia alusão a um limite mínimo e máximo de caracteres, tocou em um dos meus pontos vulneráveis: a extensão do que escrevo, que sempre me parece escassa. Irremediavelmente, sofro pensando que nunca vou alcançar uma quantidade de páginas razoável para os parâmetros do que se considera um livro. Por sorte, quando comentei essa minha dificuldade, os editores amavelmente retiraram a cláusula para que eu pudesse escrever "sem pressões" (embora eu não saiba se isso será possível em um livro que se faz sob encomenda).

Por sua vez, Paloma Vidal se autoencomendara 6.600 palavras até chegar a seu destino, evitando, inclusive, com o fim de avançar, as ofertas gastronômicas das aeromoças. Devo confessar aqui que conheço pessoalmente Paloma e também conheço os dois livros das moças. Acredito recordar que fui eu quem recomendou a ela que lesse *Buena alumna* quando esteve em Buenos Aires por alguns dias, antes de tomar o avião que a devolveria a São Paulo com uma quantidade de palavras de excesso de peso. Ela é a tradutora dos meus livros para o português e a gente vem mantendo uma longa relação de leituras e escritas que nos irmanam até o limite da simbiose. Se Vidal é capaz de se fantasiar de mim para escrever de novo o que eu já escrevi, mas em outra língua, certamente tem também a curiosidade de ler os livros que eu leio. Eu, por minha vez, atada a esse movimento de ida e volta pelo ar entre São Paulo e Buenos Aires, precisei ler o que Paloma escreveu e traduzir aqui algo disso de forma breve e urgente, como um modo de dar a partida ao meu próprio livro encomendado.

Parece haver sempre uma cadeia de livros que impulsionam a escrita de outros — para Paloma, os de Maliandi e Porroni, para mim, o dela, mas antes também os das moças — e parece que ler é assim tão dinâmico quando o que provoca é uma trama de escritas. Então, não sei como meu próprio livro vai continuá-la, mas o certo é que a leitura do livro da Paloma me esclarece algo: ler e escrever são uma dupla que só pode ser separada quando se levanta a cabeça das páginas alheias para voltar a incliná-las sobre as próprias. Já sei, estou dizendo algo que é uma obviedade para qualquer escritor. Mas me interessa que fique claro de saída, porque, se escrevo com escassez — livros pequenos —, também leio pouco, ou melhor, com a escassez que significa se limitar a buscar algo que às vezes, como aconteceu com Vidal, é só um começo. Macedonio chama de leitura de trabalho essa que ele desejaria para seu leitor ideal, uma "leitura de ver fazer, sentirás o quão dificilmente a vou tendendo diante de ti. Trabalho de formulá-la; leitura de trabalho; lerás mais como um lento vir vindo do que como uma chegada". É evidente que não interessava a ele um leitor erudito, desses que leem até a última página em função da chegada. Ao invés disso, parece preferir esse outro leitor que, no lento vir vindo da leitura, vislumbra, como através de uma via régia, a tarefa que o está esperando e para aí escapa. Talvez seja por isso que o *Museu do romance da eterna* esteja estruturado como uma sucessão de prólogos. Trata-se de um desses livros que, com o fim de deixar entrar o desejo de escrever de quem os lê, encolhem quando parece que vão crescer.

Então, se consigo separar o que, enquanto eu leio, me serve para abandonar a leitura, poderia montar uma antologia de livros de trabalho. Inúteis se o que se busca é adquirir erudição, mas absolutamente úteis para se pôr a escrever. No entanto, não se lê para escrever como o autor, e sim simplesmente para escrever, nos assegura Roland Barthes, cujo livro *A preparação do romance* é um antologizável por excelência. Espécie de museu francês do romance da eterna, puro começo de começos, esse livro volumoso é capaz de se reduzir a cada momento até chegar ao tamanho de um haicai (o procedimento poético que, segundo Barthes, estaria na base da preparação de qualquer romance).

Portanto, se ocidentalizo um pouco minha possível antologia, diria que a poesia, um gênero pequeno que, a golpe de cortes, impede, a partir da frase mesma, qualquer tentativa de extensão, é minha primeira grande antologizável. É essa leitura que me acompanha desde a adolescência e na qual vivo sempre distraída, sempre levantando a cabeça para anotar algo meu nas arejadas margens que generosamente me brindam os poemas dos outros.

Ler estribilhos

Cheguei aos livros de Héctor Viel Temperley graças a Fogwill. Leitor intenso e apaixonado como nenhum outro, ele te obrigava a ler o que considerava que te serviria para escrever. E quase sempre acertava. Viel, àquela altura (em torno de 1985), era um perfeito desconhecido, mas não no sentido do escritor cult que encarna um segredo de polichinelo para um grupo de pessoas. Literalmente quase ninguém, a não ser Fogwill, tinha ouvido falar dele no meio. No entanto, naquela época, Viel já tinha publicado nove livros de poemas. Claro que se tratava de publicações heterodoxas, quase todas em editoras pré-fabricadas *ad hoc*. Quando Fogwill o mencionou pela primeira vez, apareceu na minha casa com aquela edição de *Crawl* impressa na oficina dos salesianos em 1982 e cuja mítica capa — o retrato de um marinheiro emoldurado por uma coroa de espinhos — a Ediciones del Dock reproduziu anos depois. Na única entrevista que existe dele, poucos meses antes de morrer, quando já estava internado no Hospital Britânico, Viel explica ao então jovem Sergio Bizzio que a disposição dos poemas na página ganha a forma de um homem nadando crawl. Quando o estribilho "Venho de comungar e estou em êxtase", que se repete oito obstinadas vezes ao longo do livro, já tinha se transformado para mim em um alarme auditivo que me fazia secretar adrenalina literária, pedi a Bizzio que me facilitasse fotocópias daqueles outros livros de Viel que ele, que os conseguira em função da entrevista, ostentava como um troféu. Foi assim que obtive *Carta de marear*, de 1976 — que trazia, como *bonus track*, uma contracapa de Enrique Molina —, e *Legión extranjera*, de 1978.

Lendo esse bolo de páginas que depois encadernei e conservo até hoje, entendi que é nessa zona, que fica palpitando entre me contarem algo e, de repente, deixarem de me contar, que se situa a poesia. E quando, há cerca de 25 anos, topei, pela primeira vez, em *Legión extranjera*, com "Sob as estrelas do inverno", soube que teria de convocar esse poema até a exaustão para poder "ver fazer", uma e mil vezes, o quebra-cabeça cujos fragmentos se dirigem, como se coreografados, para um ímã narrativo.

Algo parecido me acontece com "Alta maré", de Enrique Molina, que, partindo do emblemático verso "Quando um homem e uma mulher que se amaram se separam", desdobra uma história de amor que se perde e se retoma permanentemente ao longo do poema. Cada vez que se retoma, opera como um prêmio para o leitor de poesia. Sempre disposto a se deixar perder sabendo que esse esforço será compensado com uma surpresa narrativa, esse leitor se transforma em um rastreador que busca traços onde outros não veem nada. Molina sabe disso, e quando o poema, atordoado entre metáforas surrealistas, ameaça escapar de suas mãos, ele o faz descer à terra com versos como estes: "dois ou três livros e uma camisa numa mala / chove e o trem desliza um espelho frenético pelos trilhos da tempestade / o hotel dá para o mar". O pacote de objetos — livros, camisas, mala, um trem, um hotel — põe-se em movimento sozinho, enquanto uma sombra, como se tivesse saído de um quadro impressionista, o atravessa fugindo pela esteira de luz que esses objetos desdobram. A partir daí, para ler, basta se tornar *voyeur*. Até as paredes altas do hotel nos abrem suas janelas, deixando que nós, que andávamos aos saltos entre cortes de verso, espiemos os bastidores de uma experiência íntima: "cada noite quando você se despia / a sombra do teu corpo nu crescia sobre os muros / até o teto".

Na adolescência, quando adentrei pela primeira vez esses versos, os livros, a camisa, a mala, o hotel, o trem também estavam aí para me dizer que a poesia se faz com as palavras que todos os dias encontram seu sentido no cotidiano. E que o que se quer expressar não é outra coisa além do presente de um acontecimento subjetivo, esse ao qual Molina alude na contracapa de *Carta de marear*, de Viel Temperley: "A poesia relata acontecimentos, mas o faz a partir da raiz, no foco de uma experiência." Não sei se conceitos como esse eram claros para mim então, certamente não. Mas o que, sim, é certo é que eu buscava na poesia o que qualquer jovem busca: reeditar as primeiras experiências importantes, sobretudo as amorosas e, mais especificamente, essas em que se produzem rupturas. Aí, quando vêm os primeiros desencantos da vida, a poesia, gênero meio melancólico que busca sempre dizer algo sobre o objeto perdido, se faz presente nas leituras juvenis. Quando meu filho Mauro teve sua primeira decepção amorosa, estava desconsolado, então me ocorreu fabricar para ele uma pequena antologia de poemas chorosos para reconfortá-lo. Ali estavam, entre outros, "Alta maré", é claro, mas também o "Poema 20", de Pablo Neruda, que, desde seu início mesmo ("Posso escrever os versos mais tristes esta noite"), impulsiona os jovens a se porem a escrever a partir de uma desilusão amorosa. Também estava o "Poema para gritar entre las ruinas", de Louis Aragon, em uma magnífica tradução de Victoria Rabin, cujo estribilho "Os dois cuspamos os dois / sobre aquilo que amamos" era repetido por mim e pelo meu grupo de amigos, como se cuspir fosse um fato estético.

Acho que meu filho se consolou um pouco com os poemas ou, como ele mesmo confessa, pelo menos entrou pela primeira vez em contato com a poesia (o que não é pouca coisa). Foi assim que, quando morreu Nicolás Casullo, o marido por quase 40 anos de Ana Amado, minha melhor amiga, reeditei o que tinha feito com Mauro. Ela estava inconsolável e lhe enviei o poema "En la brisa, un momento", que Olga Orozco escreveu depois da morte do seu próprio marido, Valerio Peluffo. Sabia que Ana adorava

Orozco e supus, uma vez que comigo isso costuma acontecer, que ler um poema em que outro pode expressar o que nós gostaríamos de ter dito serve de consolo. A reação da minha amiga foi inesperada: "Você e essa sua onda judaico-masoquista." Depois ela me explicou que tinha chorado muito lendo o poema e que tinha piorado por causa disso. Nessa resposta, daquela que tinha sido quase uma irmã durante os 35 anos anteriores, estava encerrada uma cumplicidade que marcou nossa amizade: sempre, como um modo de nos diferenciarmos para nos unirmos, apelávamos à piada de que eu era judia, e ela, palestina. Dois territórios em luta que se confrontavam e, com isso, reforçavam a proximidade. Meses depois, Ana começou a comentar o poema comigo. Ela tinha adorado o modo como Orozco invocava os objetos do marido: "E o que será teu travesseiro / e o que serão tuas cadeiras / e o que será tua roupa, e até meu leito sozinha, se tiver coragem?" Mas, sobretudo, o que a deixava louca era uma alusão à colher: "Afaste-se, memória de parede, memória de colher, memória de sapato."

Quando, em 2017, Ana morreu, eu estava tão desconsolada que tentei ver se escrevendo um poema alusivo podia chegar a me acalmar. Como ele não saía, comecei a dar um Google nos poemas para amigos mortos que apareciam na rede, mas não tinha jeito, nenhum me inspirava. Acho que ela estava certa quando se referiu ao meu masoquismo judeu: é preciso ter atravessado primeiro o luto para depois poder dizer algo sobre a pessoa que nos deixa, sem correr o risco de reabrir a ferida. Agora acho que esse poema sobre Ana já estava escrito. César Vallejo, quando alude a Pedro Rojas, um miliciano morto na guerra civil espanhola cujo cadáver foi encontrado à beira do caminho com uma colher no bolso, escreve isto: "Registrando-o, morto, surpreenderam / no seu corpo um grande corpo, para / a alma do mundo, / e na jaqueta uma colher morta. // Pedro também costumava comer / entre as criaturas de sua carne, assear, pintar / a mesa e viver docemente em representação de todo o mundo. / E esta colher andou na sua jaqueta, acordado ou então quando dormia, sempre, / colher morta viva, ela e seus símbolos." E Vallejo termina o longo poema a Pedro Rojas com aquele emblemático verso em oximoro que pôs de pernas pro ar a poesia latino-americana anterior a ele: "Seu cadáver estava cheio de mundo."

O que me consola, agora mesmo que evoco Ana Amado e transcrevo esse poema de Vallejo para ela e por ela, é a certeza de que a poesia pode fazer algo com as rupturas e as mortes. Não pode evitá-las, não pode ressuscitar os mortos, não pode reatar os casais desfeitos, mas, focando o mais nímio — colher, mesa, jaqueta, até cadáver —, pode talvez acalmar o desespero diante do irreparável e repor o valor de uso do objeto perdido. Mas o paradoxal é que, ao mesmo tempo que consegue descer esse objeto à terra, outorga-lhe universalidade. Em um dos estribilhos do poema "Bajo las estrellas del invierno", Viel Temperley anuncia isso assim: "Falo de todas as horas e de todos os dias / e de todas as estações e de todos os anos." Esse poema dá continuidade à série que se intitula "Poemas de la bolsa de dormir", e, se somamos esse título às fotos de Viel dadas a conhecer — um cara fornido, de torso nu, cortando lenha —, o resultado é uma combinação que não tem nada a ver com a imagem que tínhamos então de nossos poetas de exportação. De Lugones a Juarroz, passando pelo próprio Girri, éramos conhecidos no exterior por uma poesia branca, abstrata, quase metafísica, nada vital (Juarroz, por volta da década de 1980, era o poeta mais traduzido). Viel, por sua vez, um absoluto *outsider*, instala lá pela mesma época sua máquina narrativo-poética a céu aberto, no meio de um acampamento à beira do mar, onde acontece de tudo com quem fala: uma cadela busca seu pênis de noite cada vez que ele sai para urinar nu, ele salva uma mulher que lhe pede socorro do mar e ajuda um doente a urinar — "seu pênis entre meus dedos" —, enquanto marcham juntos até um hospital, atravessando estacionamentos. No final, o poeta se descreve a si mesmo vagando, empunhando uma pistola, "sem ter onde me barbear". Assim, entre os assuntos próprios e os de todos, vai sendo montado um antirromance narrado no presente e com final aberto. Não ocorreria a nenhum leitor de poesia perguntar o que o poeta fez depois com essa pistola, porque o estribilho que fala de todos os dias e todas as horas e todas as estações e todos os anos põe um freio em qualquer ficção. Não à toa, quando estava morrendo, internado no Hospital Britânico, Viel anotou isto, tão íntimo e secreto, mas ao mesmo tempo tão universal: "Vou para o que menos conheci na minha vida: / vou para o meu corpo".

Acho que o que me atraiu na leitura de poesia, desde pequena, foi justamente esse murmúrio que as histórias secretam quando se suspendem e são retomadas a partir de um ritmo que se escuta de perto, intimamente. Nessa voz que devolve a história à leitura ao mesmo tempo que a abandona, o que se escuta é sempre o estribilho. Quase diria que ler, para mim, é ler estribilhos. Quando, na sala do Liceu de Senhoritas n° 1, a professora de língua leu para nós o "Nocturno III", de José Asunción Silva, topei pela primeira vez com essa voz. Quando chegou o estribilho que gagueja "E eram uma / e eram uma

/ e eram uma só sombra longa", eu o anotei a lápis na capa interna do meu fichário. Acho que foi o primeiro poema alheio que eu tentei escrever. Anos depois, fiquei sabendo que alguns biógrafos fazem referência a um suposto amor proibido entre Asunción Silva e sua irmã, tentando dar um final de romance ao que, nessa agônica repetição, é puro segredo entre leitor e escritor.

Não deve ser por acaso que Néstor Sánchez, um escritor que não parou de pôr em xeque os fechos narrativos — basta lembrar dos "quatro finais possíveis" de *Siberia Blues*—, tenha sido quem, nos meus 20 anos, me ensinou a ler poesia pescando o ritmo de alguma história sempre fragmentária. A morte de Lou, a mulher de Michaux, queimada em um acidente quando, no poema "Nós dois ainda", a voz repete "Lou / Lou / Lou no retrovisor de um breve instante / Lou, você não me vê?", ou a loucura de Naomi, a mãe de Allen Ginsberg, assinalada repetidamente em *Kaddish*, eram alguns dos poemas que lia em voz alta com o grupo de jovens amigos que frequentavam Sánchez. Ele também nos estimulava a fazer traduções caseiras, apesar de nossa comum condição de monolíngues. Talvez tenha sido ele quem estimulou Vicky Rabin, sua mulher naquela época, a traduzir o poema de Aragon. De minha parte, ao chegar na casa dos meus pais a altas horas da noite, me trancava no quarto e tentava traduzir, ou melhor, adivinhar, partes de *Kaddish* a partir do meu inglês inexistente. "Oh mãe / adeus / com um longo sapato preto / adeus / com o Partido Comunista e uma meia rasgada / [...] com teu medo de Hitler / [...] com teu queixo de Trotsky e de Guerra Civil Espanhola".

Como a camisa, os livros ou a mala do amante fugitivo de Molina, o poema de Ginsberg aludia, para mim, a objetos tão simples e cotidianos como os que se estudam no primeiro nível de inglês. Em *Kaddish*, Ginsberg se dá ao luxo de ir esticando esse idioma coloquial para nos fazer participar, em nome de Naomi, de sua própria história. Desde os seus 12 anos, quando ele a leva para ser internada pela primeira vez em um hospital psiquiátrico, até que vinte anos depois, ela morre e deixa para seu filho uma carta póstuma ("Tenho a chave. Case-se, Allen, não use drogas, a chave está na grade, na luz do sol da janela"). A narrativa não se detém diante de nada porque não tem a obrigação de fechar o que se conta. "Cantos, não contos", pedia Néstor Perlongher, nosso rei do estribilho, e em seu emblemático poema-livro *Cadáveres*, o estribilho está em todo canto: "Há cadáveres" se repete 53 vezes. Em cada uma dessas vezes, quando a leitura do texto vai me adormecendo dentro da espiral metafórica perlongheriana, soa um despertador que me lembra o que há e me libera do que sobra.

Acho, então, que leio poesia sempre esperando que cheguem esses golpes de realidade que me liberem do que Gombrowicz, em seu ensaio *Contra los poetas*, chamou de excesso: "excesso de palavras poéticas, excesso de metáforas, excesso de sublimação, excesso, por fim, da condensação, da depuração de todo elemento antipoético." O que sobra, então, chama, pela boca do estribilho, o que falta: cada vez que a voz do despertador me diz e me repete o que há, sei que alguém praticou um passo de prosa, fazendo cambalear a fixidez dos propósitos poéticos. Ora, arruinar a poesia a golpes de estribilho, sair alegremente do verso, não é tarefa para qualquer um. Chamo de "vates" os que instalam seus domínios em um terreno inamovível. Desse quartel, não só consideram a si mesmos poetas como, além disso, se ocupam de cuidar do quintalzinho com afinco. Zangado, Gombrowicz define assim o produto que resulta de semelhante crença: "para cada dez versos, deve haver ao menos um dedicado à adoração do poder da Palavra Poética ou da glorificação da vocação do Poeta." É a partir dessa ostentação de poderio que os vates cortam os pés do poema. (Aqui, se eu escrevesse em linguagem inclusiva — o que ainda não tenho coragem nem sei bem como fazer[1] — deixaria vate em sua acepção masculina, uma vez que essa condição me remete, sem dúvida alguma, a um traço patriarcal).

Longe de se considerar vate, Néstor Perlongher teve de fazer malabarismos para recuperar 53 vezes sua verdade cantada. No final, quando o estribilho "Há cadáveres" ia escorrendo pelos seus dedos, ensaiou com perguntas: "Há cadáveres?" // "Dá para entender?" / "Estava claro?" / "Não era um pouco demais para a época?" Não por acaso, Néstor escreveu *Cadáveres* em uma viagem de ônibus entre Buenos Aires e São Paulo, a caminho de um exílio forçado. Em uma espécie de frenético *Ensaio de voo* terrestre, certamente ele também se propôs, como Paloma Vidal, abarcar uma quantidade de caracteres no caminho. Imagino-o lendo e relendo, assustado de não poder soltar um mesmo estribilho obsessivo que ia se impondo ao longo da viagem. Como ele poderia saber àquela altura, antivate total fugindo da homofobia

....

1. "Às vezes eu pegava alguém, às vezes ela, às vezes os dois quase ao mesmo tempo. Saíamos ambxs com outro/a, bem certes de que no dia seguinte estaríamos junt@s. Com barra, x, e ou arroba". Essa citação, de *Postales de la contracultura*, de Osvaldo Baigorria, condensa para mim o uso ideal da linguagem inclusiva: lançar mão de todos os recursos disponíveis, mas atendendo sempre a que o que se diz e o que se faz coincidam.

da ditadura militar, que o verso "Há cadáveres" ia ficar tatuado — como senha de usos múltiplos — entre os leitores de poesia por várias gerações?

Anos depois, Néstor gravou um áudio lendo *Cadáveres*. Escutando-o, fica claro para mim que ele não se aproveitou de nenhuma imagem, de nenhuma palavra, de nenhum achado linguístico e muito menos da recorrência fônica do estribilho para acentuar nada. Com essa tonalidade que vou chamar de marica, porque soa indiferente à falsa potência da voz, quase frívola, própria da mais autêntica desmistificação da masculinidade, pareceu querer nos dizer que não esperemos da poesia consequências épicas nem líricas, porque ele está chegando ao seu destino e vai descer do ônibus e os 53 estribilhos já acabaram. Por isso, o último verso diz que "Não há cadáveres". É o final do trajeto que deu como resultado um livro. O que era um poema longo que os estribilhos costuravam agora fica encadernado graças a um exercício de negação. Ler estribilhos, então, supõe o prazer de se antecipar a deixar de ler. Porque enquanto recebemos essas repetições, percebemos como elas vão se afastando juntas para acabar propiciando um último golpe de realidade: o livro. Lezama Lima chamou esse ato de malabarismo poético "fragmentos a seu ímã". Mas, para poder fazer essa pirueta, não basta juntar uma coleção de poemas nem acumular uma série que responda a um tema predeterminado. Chegar ao livro supõe que os fragmentos caiam de maduros, como quem diz "até aqui chegamos". É aí que aparece o silêncio como último presente que o escritor dá ao leitor. Trata-se de um som que desmente a si mesmo, ou melhor, de um ritmo que, como diria Henri Meschonnic, agora só deixa escutar o sujeito.

Quando Perlongher, internado em São Paulo, doente de Aids, insistia com o estribilho "Agora que estou morrendo", invocava ao mesmo tempo Viel: "Gemidos do duplo que não se vê do hospital [britânico]". Nessa época, Viel já tinha morrido, mas, como se pode ver, "seu cadáver estava cheio de mundo", porque conseguiu consolar o moribundo que, de seu longínquo exílio, o escutou e se escutou em um eco duplo de leituras e escritas.

O tempo da convalescença: fragmentos de um diário no Facebook

Alberto Giordano
Tradução de Paloma Vidal

No dia 15 de novembro de 2014, comecei um caderno de notas, que logo ganhou a aparência e cumpriu as funções de um diário pessoal. Era domingo e eu me sentia perdido. A distância dos hábitos e da paisagem urbana, imposta pelas idas regulares a uma casa de fim de semana, tinha me transformado em uma espécie, não por irrisória menos patética, de exilado. Comecei um caderno de notas com a ideia de anotar algo a cada domingo, para ganhar terreno da estranheza e assim poder me recuperar. Encontrei, na decisão de publicar as entradas no Facebook, uma motivação para garantir o prosseguimento do exercício. Também na ideia de apostar que, depois de certo tempo (um ano?), o caderno de notas circunstanciais pudesse resistir à sua edição como livro. Antes de escrever a segunda entrada eu já tinha o título: *Os domingos do professor*. Como todos os bons títulos que alguma vez já me ocorreram, ele já tinha ocorrido a outro autor, Enrique Anderson Imbert.

A prática do intimismo espetacular, a experimentação com registros e tons que não são estritamente os do ensaio crítico (os da minha profissão), contudo, se impôs, logo depois de ter começado, como uma rotina quase diária, desligada da pauta semanal e do álibi da resistência ao tédio dos domingos suburbanos. Como eu continuava fantasiando com o projeto de um livro, tive de buscar outro título, que encontrei depois de um tempo, quando percebi que, além de tantas coisas que o caderno de notas tinha se tornado (o diário de um pai e de um órfão, de um professor, de um crítico e um moralista improvisado), ele funcionava como diário de bordo de um processo de convalescença que talvez eu não teria podido apreciar em seus diferentes matizes, na heterogeneidade de seus movimentos, se não tivesse adquirido o hábito de anotar algo — impressões, lembranças, lampejos — para compor cada jornada com os recursos do imaginário.

A consciência do náufrago

Em alguns ensaios sobre literatura e doença, esbocei a figura do sobrevivente, aquele que descobre ou inventa, em suas patologias, condições para a intensificação da vida (o que chamo "intensificação" não tem a ver com a euforia dos arranques vitalistas: é um efeito indireto, e quase sempre custa muito, da proximidade com o sem sentido da morte ou da loucura). A hipótese que eu me inclino a sustentar, ditada pelas leituras e pela experiência, é que só o sobrevivente estaria em condições de transmitir a verdade da vida, "uma coisa — escreveu Rosa Chacel — que, quando não está ameaçada, não se sente".

Em um livro extraordinário do chileno Martín Cerda, *La palabra quebrada*, encontro outra figura ética da mesma família, a do "náufrago". E esta citação de Ortega (mestre de Chacel), que é também um elogio da força paradoxal de quem sobrevive: "A consciência do naufrágio, sendo a verdade da vida, é já a salvação. Por isso eu só acredito nos pensamentos dos náufragos."

15 de novembro de 2014

Facebook

Proponho a um amigo, que suspeita do egotismo na época das redes sociais, uma imagem irresistível: uma conta de Facebook nas mãos de Jules Renard. Quem não a seguiria? Jules Renard, que praticava a malícia como "uma ginástica do engenho" e era um atleta olímpico no exercício da autoironia. Duas entradas do seu *Diário*:

> 28 de outubro de 1892
> O senhor que nos diz: 'Eu também passei por isso'. Imbecil! Se você tivesse ficado: então me interessaria.
>
> 26 de julho de 1894
> Não pude evitar dizer à vendedora:

— Esse livrinho fui eu quem escrevi.

— Ah! — ela disse — Ainda não vendi nenhum.

Nem a massificação, nem a trivialidade, nem o narcisismo são os verdadeiros problemas. O problema, irremediável, digo ao amigo, é que nem ele nem eu contemos com a agudeza sintática e o dom da ironia, imprescindíveis nesta época de redes sociais, com os quais contava o insidioso Renard.

16 de novembro

Outra profissão de fé

Longa conversa de café com um amigo poeta. Ele expõe sua rejeição às complexidades, que julga supérfluas, da crítica literária que praticamos na universidade, também aos critérios, que julga arbitrários ou conservadores, com os quais escolhemos sobre que autores escrever. Sem vontade de polemizar, confirmo, enquanto ouço, o que costumo repetir em sala: que as únicas impugnações interessantes às estreitezas dos estilos acadêmicos são as que ensaiam os críticos que também são professores, quando sentem a necessidade de ultrapassar os limites do senso comum teórico para poder continuar escrevendo. Nem as recusas em termos gerais, nem as forasteiras (as dos escritores e jornalistas que se ressentem pelo que supervalorizam como falta de legitimação) costumam se mostrar interessantes, raramente introduzem algum argumento que dê o que pensar, mesmo quando se coincide com o diagnóstico.

25 de novembro

Montaigne de férias

Os questionamentos ao egotismo daqueles que praticam as escritas do eu, em nome da sobriedade ou da discrição, causam graça e um indesejado, ainda que inevitável, sentimento de superioridade estética. Quem, a não ser alguém que se leva a sério demais, poderia ser capaz de exigir a si mesmo algo tão pouco humano como um estado de contínua sobriedade? Quem, a não ser alguém obcecado pelo temor de não ser bem visto em qualquer ocasião, se imporia a necessidade de compor uma imagem irretocável de si mesmo? A sobriedade e a discrição, como atributos constantes, denegam o narcisismo exacerbado de alguém que se acha valioso demais para deixar que se perceba sua humana condição. Os juízos que se depreendem desse ato denegatório, como o denunciado pelo egotismo daqueles que se observam na escrita, provocam graça, menos por sua má-fé do que pela ignorância do que exibem.

Florianópolis, 7 de janeiro de 2015

Ficções autobiográficas: mal-entendidos

Nós, leitores de histórias em aparência autobiográficas, desfrutamos de uma superstição referencial que não abandonamos sequer quando nos tornamos críticos: a crença de que tudo o que é narrado, de alguma forma, realmente aconteceu, e aconteceu com o autor. Como temem que ela desmereça sua condição de artífices, os escritores de histórias em aparência autobiográficas se ressentem quando o crítico os interroga sem se desvencilhar da superstição referencial. Temem que desconheça os riscos que enfrentaram ao se expor às dificuldades e aos vaivéns da ficção. Em uma mesa sobre escritas do eu de um prestigioso festival internacional e na privacidade dos intercâmbios epistolares, presenciei o estupor e a irritação que provoca neles que se fale do impulso confessional que percorre suas aventuras autobiográficas, como se o confessional não fosse, em ocasiões, um exercício de abertura ao desconhecido que transforma o eu em direções imprevisíveis. Digamos de uma vez por todas, para que entendam: sabemos que a sensação de vida autêntica — isso aconteceu, isso acontece pela linguagem enquanto lemos — depende, em grande medida, da arte literária, dos usos da ficção, entre o cálculo e a atração do mistério, mas, por favor, nunca, nunca repitam de novo, em privado ou em uma entrevista, que vocês não são o protagonista, que o narrado não lhes aconteceu assim mesmo, que todo o escrito deveria ser lido como dito por uma personagem de ficção: esqueçam vocês mesmos, como o fizeram ao escrever, para que possamos lembrar de vocês como bem entendermos.

28 de janeiro

Novo elogio do Facebook

Como nos diários íntimos, embora se façam públicas imediatamente, as anotações no Facebook cumprem diferentes funções, entre a vontade de colocar algo a salvo de seu desaparecimento e o desejo de se delinear como protagonista de uma trama (a banalidade do cotidiano tem boas razões para aspirar a um registro que, quem sabe, a intensifique). A diferença óbvia, para quem faz o post, é que o leitor pode ser, além de uma figura virtual e imprecisa, uma certeza antecipada: tal ou qual amigo que se espera afetar com este ou aquele propósito. Por isso seria possível sustentar, sem ânimo irônico, que as exigências e as virtudes dos grandes gêneros intimistas, o diário e a correspondência, convergem na prática da postagem reflexiva.

"O homem que pensa de verdade — acerta Norberto Bobbio — escreve carta aos amigos." Como a sintaxe, o pensamento brota onde quer, inclusive em uma entrada do Facebook, se quem escreve invoca os amigos para que o assistam em uma missão improvável.

30 de janeiro

Do Diário de Jules Renard

Quando o escritor lhe solicitou amizade, achou que ele tinha ficado sabendo do seu caderno de notas no Facebook e queria segui-lo. Não pôde evitar sentir-se lisonjeado. Até comentou com sua mulher. Depois de uns dias, notou que era ele quem estava seguindo o escritor, como testemunho qualificado de suas estratégias publicitárias. Era para isso que tinha lhe pedido amizade. Não pôde evitar se sentir um crítico.

23 de abril

Da arte de convalescer

No meio da manhã, recebo uma mensagem do Roberto, o estudante mexicano do seminário sobre teoria da escrita que dei em novembro, na época em que comecei este diário. Lembrava bem dele porque suas intervenções, além de oportunas, costumavam ser sagazes, até engraçadas. Já na segunda reunião, suspeitei que essa eloquência, embora contribuísse para o desenvolvimento de cada tema segundo sua complexidade, buscava principalmente chamar a atenção da moça que se sentava à direita dele (uma vez, vi como ele segurava a mochila dela por trás, para aliviar seu peso, enquanto andavam juntos na saída da aula). A suspeita tornou-o simpático para mim. Hoje, escreveu para pedir prorrogação e aproveitou para brincar com a falta de contemporaneidade entre intenção e ato, algo sobre o que conversamos longamente em novembro.

Embora tenha me alegrado recebê-la, a mensagem do Roberto só aprofundou o sentimento de ligeira melancolia que se instalou na semana passada. Que saudade daquele seminário, mesmo com pouca gente, mesmo que a transmissão fosse mais equívoca do que o habitual, e os resultados, temo, decepcionantes. Foi uma época toda que voltou, como passada e perdida, com a mensagem do Roberto, uma época que já então tinha um nome feliz, tomado de uma leitura nietzschiana, a época da convalescença. É a época da primeira viagem a Trelew, do seminário sobre teoria da escrita, do lançamento de um livro de Ritvo e, logo depois, da primeira viagem ao Chile. A época em que resolvi manter um diário no Facebook. Começou quando recuperei alguns sinais vitais, alguns "apetites", depois de um tempo prolongado de sofrimento. Não saberia dizer quando terminou, se é que isso ocorreu, nem que nome corresponde ao que viria depois.

No Prefácio a *A gaia ciência*, Nietzsche fala do "agradecimento" do convalescente para aludir a uma forma de vida na qual se restabelecem os vínculos existenciais com a possibilidade como horizonte. Arrebatado pelos dons da saúde, depois de um tempo de privações e impotência, o convalescente volta a sentir "o júbilo transbordante da força restabelecida" e, de novo, é capaz de imaginar o futuro como algo alegremente indeterminado. Quando conversei com David Fiel, durante uma caminhada por Gaiman, sobre as virtudes dessa figura, ele me advertiu que, como muitas coisas de Nietzsche, provinha de Rousseau. Seu discurso era tão arrebatador que esqueci de lhe pedir as referências. Não demorei para descobri-las (sorte de convalescente). Umas semanas depois de nossa conversa, em uma livraria do Drugstore de Providencia, em Santiago, encontrei um livrinho com textos autobiográficos de Rousseau, e, em um desses textos, "Da arte de gozar e outros fragmentos", as anotações de que precisava para terminar de polir uma imagem de esplêndida discrição: "Vejam na mesa o convalescente devorado pelo apetite, forçado a se conter, saborear voluptuosamente todos os pedaços que permite a si mesmo e desejar com avidez aqueles que ainda não pode se permitir. Tempera cada pedaço com uma medida de prazer maior do que qualquer outro poderia encontrar em uma refeição inteira e, comendo a metade do que vocês, goza do dobro."

11 de maio

A manhã em que meu pai morreu

Quando ligaram do hospital para me anunciar que papai tinha morrido, finalmente, decidi não avisar ninguém até depois de me despedir. Papai morreu nas primeiras horas do dia 22 de maio de 2008. Na noite anterior, antes de deixarmos o hospital, me precipitei para deixar meu número: preferia não ter de receber a notícia da boca de alguma das mulheres da família, não ter de conversar sobre a morte de papai até depois de me despedir dele.

Na manhã em que papai morreu, uma greve de taxistas, derivada em greve geral da CGT, me fez chegar andando. De todo modo, teria decidido andar. Quase vinte quarteirões, entre meu escritório (que agora é de Judith) e o hospital. Não me lembro dos muitos pensamentos que devo ter tido durante a caminhada. Quando cheguei ao hospital, encontrei papai em um quarto muito pequeno, sobre uma maca. Parecia que seu corpo tinha encolhido. De pé em um dos lados, comecei a acariciar sua mão (mais tarde, no velório, não consegui mais tocá-lo). Lembro bem de que falava com ele, mas não me lembro do que lhe dizia. Deve ter sido algo como "Que coisa, que coisa. Acabou acontecendo". A situação não era tão diferente de algumas conversas que tivemos nos últimos oito anos, desde que ficou afásico. Por isso, uma hora, quando senti vontade de fazer xixi, como se estivéssemos em um dos cafés aonde costumava levá-lo, avisei a ele: "Pai, me desculpa, estou apertado. Já volto." Disso me lembro, perfeitamente, porque só nesse momento me dei conta de que era estranho, mas também inevitável, conversar com os mortos. Quando voltei do banheiro, já tinha me despedido, e, depois de avisar minhas irmãs, avisei Judith. Ontem, pensei que se, estando morto, papai tivesse podido continuar conversando, teria respondido — com esse humor que é sua melhor herança: "Vai tranquilo. Não arredo pé daqui."

30 de maio

A ética do escritor de diários

No próximo domingo é o dia dos pais. Será que é por isso que toda hora me pego cantando tangos, e não só os de sempre? Esta manhã, enquanto esperava que meu analista abrisse a porta, me surpreendi cantando "Tu perro pekinés" — devo tê-lo aprendido em um LP de Rivero com a orquestra de Troilo, a de final dos anos 1940, que meu pai me deu de presente uma vez que a gente se encontrou em Buenos Aires. A campainha do interfone me interrompeu bem no arranque do refrão, admirável por razões que não poderia explicar: "*Chofer japonés / con un auto avión a chorro...*". Eu estava dizendo que no próximo domingo é o dia dos pais para poder anotar que, no domingo passado — o das grotescas eleições em Santa Fé —, recebi um presente antecipado: a notícia de que os *Diarios* de Iñaki Uriarte têm outros dois volumes além do que comprei no ano passado em Barcelona, o que corresponde aos anos entre 1999 e 2003. Vai meu agradecimento ao inefável Quintín, que dedicou sua última coluna no suplemento cultural de *Perfil* a Uriarte. O título já é um acerto: "Um clássico do futuro". Outro acerto é relacionar o engenho e a liberdade de espírito desse diarista contemporâneo — contemporâneo porque anacrônico — com o ceticismo ditoso de Montaigne, mestre no "bobo projeto de se pintar a si mesmo, como diria Pascal em uma famosa bobagem".

O que define um diário de escritor como obra artística é, diz Vila-Matas, "o eixo da perspectiva adotada, o timbre ou metal da voz e, portanto, a existência moral do indivíduo que escreve". Nos diários de Uriarte, o encanto de uma prosa cuidadosamente desalinhada, inclinada para o curioso ou o absurdo, com ligeira ironia, manifesta o ponto de vista de uma convicção paradoxal: a de quem se sabe interessante — por estranho, não por excepcional —, mas se recusa a se levar a sério.

No ano passado, colocamos, no site *Lector Común*, uma entrada dos *Diarios* de Uriarte sobre a impossibilidade de perseverar no estudo de algo até se tornar um especialista, uma confissão de inconstância que não recai no elogio indireto, com a qual me identifico sem reservas. Acabei de buscá-la, para fechar estas notas, e, no lugar dela, encontrei um alarde ao qual subscrevo com veemência: "Nem 'espírito de sacrifício', nem 'afã de superação', nem 'aspiração à excelência'. Nenhum respeito ou simpatia por tais coisas." Acho que sobre isso conversávamos hoje, na análise.

16 de junho

O idiota da família

No início dos anos 1980, li "Roberto Arlt, eu mesmo", de Oscar Masotta, e senti que isso — a escrita do ensaio como ato autobiográfico, a confissão como motor do exercício crítico — era o que eu queria fazer. "Masotta, eu mesmo". Experimentei, várias vezes. Acabei nunca conseguindo — era jovem demais e evitava me arriscar: evitava pensar a partir da dor. Enquanto isso, embora o nome ainda não tivesse sido inventado, para despontar o vício e criar antecedentes, escrevi sobre Masotta como iniciador da virada autobiográfica da literatura argentina atual. No final dos anos 1980, li "Durante muito tempo fui dormir cedo", de Roland Barthes, e senti que isso — a metamorfose do crítico em personagem romanesco — era o que queria que me acontecesse através de certo uso, sutil e exploratório, da teoria. Experimentei várias vezes, continuo experimentando. Não sei com que resultado, porque o exercício se cumpre se, ao se observar no ato de pensar e de escrever, o ensaísta transcende o egotismo, e desse deslocamento só o leitor poderia dar testemunho. No primeiro parágrafo, Barthes declara sua identificação com Proust, "confusão prática e não de valores", diz, porque não se compara com o grande autor, mas se sintoniza com seu desejo de escrever no intervalo entre narração e ensaio. O título da conferência poderia ter sido "Proust e eu", diz Barthes. Nós, leitores argentinos, teríamos preferido "Proust, eu mesmo", para traçar uma genealogia.

Eu me distraio com essas anotações enquanto escrevo um ensaio sobre Barthes como teórico e polemista. Poderia intitulá-lo "Barthes, eu mesmo", mas seria pretensioso e equívoco, mesmo esclarecendo que só me identifico. Não sei se terá sido o começo de uma "Vita Nova", uma resposta à pergunta pelas "forças reais que minha idade implica e quer mobilizar", mas não encontrei o intervalo entre narração e ensaio nem na apresentação de um livro, como Masotta, nem em uma conferência, como Barthes, e sim fora do meu ofício. "Facebook, eu mesmo?".

14 de julho

Um caderno de debilidades

Erro garrafal. Completo, estúpido. Não sei como não o antecipei. Anoto neste caderno para não esquecer e repetir amanhã. Eu me distraí da escrita de um ensaio mais ou menos teórico com umas anotações mais ou menos casuais no Facebook. Queria descansar e voltar ao trabalho renovado, quem sabe mais atento. Assim que as publiquei, percebi que tinha perdido completamente a vontade de continuar trabalhando. Como se a escrita, porque sim, tivesse liquidado todas as reservas energéticas do dia. Pensava em retomar a argumentação — que é o que faço quando escrevo um ensaio — e surgia a imagem de uma ladeira empinada, um ângulo de 45°, e eu de pantufas (que é, acabei de descobrir, o calçado com o qual faço as anotações no Facebook). Tive de me render à evidência de que não voltaria a trabalhar, mesmo que ainda fosse cedo, não tivesse avançado tanto, e o tempo urgisse. Fui distraído da preocupação pela ideia de usar este "diário" como suporte de um empreendimento de aperfeiçoamento espiritual (era o que fazia o jovem Tolstói, lá por 1851, imitando Benjamin Franklin). Regra um: não se distrair, durante a escrita de um ensaio, com a escrita de anotações no Facebook (é um caminho só de ida). Regra dois: se amanhã, ou depois, eu me desviar da regra um, anotar o erro neste caderno e me repreender pela debilidade. Tolstói lutava contra sua inclinação ao jogo. Quis limitá-la e prescreveu a si mesmo um "caderno de debilidades". Não serviu para nada, a não ser para adquirir outro vício.

14 de julho

À margem dos diários de Piglia

1. Na noite de domingo de 22 de novembro de 1966, na casa de Beatriz Guido, Edgardo Cozarinsky, que aparece pela primeira vez nos diários, precocemente, em 1960, passa a Piglia os originais de *A traição de Rita Hayworth*. Piglia só conhece Puig (Juan Manuel) em junho do ano seguinte, em outro domingo à noite na casa da Guido. As entradas do diário não registram a surpresa e o entusiasmo que deve ter despertado aquele primeiro romance de um autor desconhecido e excêntrico, tão diferente dele e tão diferente, como ele, de outros bons narradores do momento (Briante, Walsh, Saer), que ele julgava borgianos demais (As impressões de Piglia sobre o valor literário e ideológico de *A traição...* estão argumentadas em "Clase media: cuerpo y destino", um ensaio do final dos anos 1960. Certamente, no próximo volume dos diários *Os anos felizes: 1968-1977* — que se anuncia como o mais interessante — aparecerão outras anotações em referência a Puig).

Tarefa: interrogar Cozarinsky, em um próximo encontro, sobre sua prolongada relação com Piglia (eu a desconhecia e me surpreendeu, como se as pessoas só frequentassem quem se parece com elas), sobre as tertúlias na casa de Beatriz Guido nos anos 1960, sobre sua relação com Puig: como é que ele andava, naquela noite, com os originais de um romance que ia transformar a literatura argentina irreversivelmente.

2. Os diários do jovem Piglia testemunham a superioridade de seus critérios estéticos no interior da cultura de esquerda daqueles anos, superioridade que expõe e celebra, insistente e justificadamente. Como Saer, com quem logo se entendeu, ele rejeita as morais do engajamento e do realismo testemunhal (por isso a contrafigura é David Viñas, que, em uma conversa de café — também estava Sazbón —, parece "surdo"). Assim como Barthes, talvez por meio dele (em março de 1966, lê *O grau zero da escrita*), Piglia entende, desde cedo, que a potência crítica dos textos literários depende da experimentação formal, da força com que sacode os sentidos estabelecidos.

"A ironia é um procedimento negado à esquerda — anota na entrada do dia 2 de fevereiro de 1967. Solenidade demais, seriedade demais nos objetivos. Todos levam o que dizem com gravidade demais. Só aqueles que não têm nada a perder podem rir de si mesmos."

3. Como em todo diário de escritor, nos de Piglia encontramos uma série de reflexões sobre o valor e o sentido — sempre enigmático — da prática de anotar em um caderno em cada jornada. A deliberação formal — em que tom é preciso escrever? — aparece situada do ponto de vista ético: como manifestar o processo de uma vida a partir da literatura, sem aspirar a compor um texto literário?

No dia 9 de maio de 1967, anota: "A respeito da relação entre vida e literatura, é preciso ver de que lado a gente põe o signo positivo: ver a literatura a partir da vida é considerá-la um mundo fechado e sem ar; já ver a vida a partir da literatura permite perceber o caos da experiência e a carência de uma forma e de um sentido que permita suportar a vida." A literatura — e às vezes o diário — experimenta a vida como um processo submetido a uma radical indeterminação, sujeito à alternância de interrupções e recomeços muitas vezes aleatórios. Não diria, como parece indicar a frase de Piglia, que o descentramento e a inconclusão são em si mesmos insuportáveis: às vezes, segundo qual seja o ritmo vital implicado, pode ser mais perigosa a imposição de um sentido do que ficar à mercê do incerto.

A fórmula que Piglia encontrou, situando-se do ponto de vista da literatura, para conciliar sentido e indeterminação, é ter composto o diário de uma vida de escritor, no qual a literatura é assumida como destino, porque sim, até na doença e na agonia.

15 de setembro

Nosso incurável egotismo

Em 1978, em uma entrevista, Piglia censura o egotismo de *Roland Barthes por Roland Barthes*, a autofiguração do crítico como personagem romanesca (também lamenta que Barthes tenha abandonado a crítica ideológica, à maneira das *Mitologias*, sua renúncia a cumprir "as tarefas da crítica brechtiana"). O fragmento no qual o ensaísta faz a lista do que ama e do que detesta lhe parece o cúmulo da frivolidade. E, no entanto, em seu diário, na entrada do dia 24 de junho de 1967, onze anos antes, Piglia já tinha esboçado o mesmo gesto: "uma lista de coisas de que gosto", entre as quais se encontram nadar no mar, Clifford Brown com Max Roach, explorar sebos, a prosa de Borges, a orquestra de Troilo em Caño 14 e esse hábito maravilhoso que é ir ao cinema de dia e sair quando ainda não escureceu. Pode-se dizer que Piglia faz o gesto em privado, quando ainda não goza de celebridade. Pode-se lembrar, então, que todos os diários de escritor são mantidos com vistas a serem publicados, que, para Piglia, uma obra literária se escreve, esforçadamente, durante anos, para criar as condições que justifiquem a publicação do diário pessoal.

15 de setembro

Um autorretrato

No café, enquanto leio um ensaio de Martín Cerda no qual distingue a solidão do isolamento, para entredizer um elogio da primeira que não desconheça sua condição perigosa, levanto a cabeça, olho ao meu redor e componho mentalmente uma alegoria desajeitada sobre o lugar do ensaísta no mundo da conversa pública. Como quem costuma se sentar sozinho em um café para ler o jornal, mas às vezes pretende que o escutem e então comenta algo em voz alta, uma impressão ou um juízo, com eloquência e afã de originalidade, assim o ensaísta é menos "um embaixador do mundo dos doutos no da conversa", como queria Hume, do que um intruso que os frequentadores julgarão, não sem razão, egocêntrico, além de pouco sociável ("fala para chamar a atenção"), e censurarão por sua falta de clareza, inexplicável em quem diz ter lido tanto.

28 de setembro

O livro que virá

Nunca tinha me acontecido: começar um ano com a certeza de que não será (não poderia chegar a ser) tão bom como o anterior. Nenhuma possibilidade de imaginar outro ano com projetos tão atraentes como os de 2015, e olhem que sou otimista até a estupidez e muito dado a projetar. Aceito isso, sem resignação nem melancolia, como se aceita a passagem do tempo.

Me ocorreram outros programas de escrita para 2016, outras formas para canalizar um desejo de anotação que não pode mais se satisfazer com a composição de ensaios críticos (meu ofício). Mas sei que nenhum poderia me absorver, no sentido de uma laboriosa e reflexiva irresponsabilidade, como o fez o hábito de manter um caderno de notas, que logo se transformou em diário, no Facebook.

Na segunda-feira, comecei a descartar e corrigir as entradas, cuidando para preservar o tom circunstancial, para ver se o que resiste é suficiente para editar um livro. *O tempo da convalescença: fragmentos de um diário no Facebook.* Tenho o título faz tempo, mas não é certo que também tenha o livro.

Avisado como estou dos perigos que se corre ao publicar este tipo de exercícios — o abuso da impostura ou, pior, da autocomplacência —, reviso o escrito, mais de trezentas páginas, com dois pares de olhos, os das minhas más expectativas e, imaginariamente, os da sensibilidade e do talento sintático de meus amigos escritores, que temo envergonhar. Na segunda-feira, oscilei entre a companhia, severa demais, de Nora Avaro, e a mais benevolente, de Jorge Monteleone (os afetos que eu lhes atribuo respondem menos à realidade, ao modo como cada um exerce com excelência o ofício de editor, do que às minhas prevenções diante do que costumo chamar de "a impunidade própria do sexo frágil"). Ontem, o trabalho de descarte e revisão tomou um curso menos tortuoso, em parte porque me concentrei nas entradas da segunda metade de 2015, quando já tinha adquirido alguma destreza no intimismo espetacular, em parte porque surgiu para mim, sem que o convocasse, um companheiro propício, Elvio Gandolfo. Gandolfo, que conheço e leio faz anos, tal como o imagino nesses dias, depois de admirar sua prosa fragmentária em *La mujer de mi vida* (se tivesse de responder a alguma pesquisa, seria meu escolhido entre os livros de 2015).

Deixei de me encontrar com Elvio durante o tempo da doença, entre 2012 e 2014. Não sei por que não nos vimos no ano passado, quando esteve no Festival de Poesia. Perdi a ocasião de escrever uma entrada na qual ele aparecesse. Imperdoável. Vou tentar continuar revisando o material com a companhia imaginária de sua experiência e seu talento (os escritores homens não são menos exigentes e severos do que Nora Avaro, mas a gente pode fantasiar que são mais piedosos). Quando terminar, se terminar, para restabelecer o contato, enviarei a ele por e-mail o que tiver sobrado (dará para um livro?). Enquanto isso, como no outro dia vi que também está no Facebook — alguém o marcou —, vou solicitar sua amizade.

6 de janeiro de 2016

Amizade e livros [O tempo da improvisação]

Enquanto esperávamos que o garçom trouxesse o troco, Aira me perguntou como continuaria meu passeio por Buenos Aires. Eram 14:30 e eu tinha antecipado a ele que às 18:00 viriam me buscar para voltar a Rosario. "Daqui vou de metrô até o centro, visito a loja de discos Minton's (faço um levantamento exaustivo) e, depois, encontro Monteleone no Ópera." A conversa se reanimou pela última vez com a menção ao Jorge. "Como ele anda, sempre tão laborioso?" Para brincar, mostrei certa descrença nas motivações do elogio, ainda que talvez esteja certo delas como ninguém: "Finge bem." "Não, é muito trabalhador. Na última Feira do Livro, dirigiu o Festival de Poesia e se ocupou da apresentação de cada convidado. Eu mesmo o escutei, porque acompanhei Liliana. Não se limitou a lembrar a ficha biobibliográfica de cada poeta. Leu pequenos ensaios que capturavam a marca registrada de cada obra. Os convidados estrangeiros estavam admirados e achavam que era uma prática comum nos festivais argentinos. Tivemos de explicar a eles que não era assim: o único que poderia ter feito uma coisa dessas é Jorge Monteleone."

Antecipei a alegria de Jorge, de quando fosse contar isso a ele, e, movido pela emoção, quando estávamos saindo do restaurante, tirei da mochila *In memoriam y Amores*, de Léautaud, na edição da UDP, e mostrei para César: "Trouxe isso de presente para ele." Ele olhou com ligeira perplexidade, pegou das minhas mãos, colocou no bolso da bermuda junto ao outro livro que eu tinha entregado a ele duas horas antes, e me agradeceu. Ele deve ter escutado "para você". Tudo aconteceu em dois segundos, e, mesmo que eu tivesse contado com mais tempo, ainda assim não teria tido coragem de assinalar o mal-entendido, atolado como estava nesse sentimento equívoco que chamamos "vergonha alheia".

Só quando contei ao Jorge, no Ópera, para fazê-lo rir, notei que o sentimento tinha se deslocado para a vergonha própria: "Imagina o que ele deve ter pensado? 'Faz anos que ele me escuta falar de Léautaud, de toda sua literatura, que eu li em francês; hoje mesmo falamos longamente do *Diário literário*, e vem me dar esse livrinho, traduzido para o espanhol. Que idiota'."

12 de janeiro de 2018

Eu queria ser um crítico rosarino

Antonio Marcos Pereira

I

Há alguns anos escrevi um ensaio para um livro concebido por uma colega de trabalho e amiga. À época, ela organizava uma série de atividades de promoção cultural para o estado da Bahia e me convidou para participar de algumas, na condição de jurado de concursos e, digamos, consultor: participei de reuniões, dei uma palestra, compus uma roda de conversa sobre crítica. A chancela, além do campo da relação pessoal, partia de minha conexão com o trabalho de crítico: ganhava a vida como professor, lecionando, entre outras coisas, crítica e sua história, publicava resenhas em jornais à época e me interessava muito pela crítica como processo e problema, tema de pesquisa. Ao final dos eventos e trabalhos, cada um dos profissionais envolvidos teve de escrever um texto para compor uma coletânea que funcionaria um pouco como memória do projeto, e produzi um ensaio que intitulei "Eu era um crítico juvenil".

Minha motivação para aquele ensaio estava desconectada do que eu reconheceria como "questões de pesquisa" num sentido mais formal e institucional. Na verdade, que eu lembre, não havia ambição maior que o aproveitamento da oportunidade para uma prospecção que me instigava e que parecia legítima pelo posicionamento particular em que me encontrava, tendo lido e conversado ao longo de um processo de meses com colegas, professores e críticos de várias áreas e, principalmente, me aproximado de esforços de jovens que se candidatavam à crítica, que buscavam uma distinção, pelo concurso e pela premiação, e, por essa via, uma pavimentação — em parte simbólica, em parte material — para seu encaminhamento na vida cultural. Suas produções me levavam a recuperar elementos de minha própria trajetória, e isso me estimulou a escrever sobre o que, quando eu era jovem, foi o acontecimento da crítica como prática e como sugestão de exercício profissional possível para mim.

Isso não teve nada de "natural", passava longe de um destino anunciado ou de uma vocação precocemente apontada. Venho de uma família pobre, na qual pouco se lia, e a destinação dos livros era para o estudo com o fito de "subir na vida". Essa orientação pragmática somava-se à falta de informação para restringir significativamente o campo do possível, e cresci pensando que alguém estudava para passar no vestibular de uma profissão técnica e conseguir um bom emprego e essa era a vida. Saber que se podia trabalhar com livros e leitura estava bem longe de mim e minhas perspectivas sobre a vida adulta, e a maneira como isso emergiu parecia peculiar a ponto de justificar a operação.

Gostei de escrever, acredito que por ter experimentado uma transação com a memória em termos algo próximos daquilo que Benjamin menciona ao sugerir que a memória, antes de ser um instrumento para a exploração da experiência passada, dada, é o meio onde se deu a vivência. Essa escavação, ao me permitir expor e examinar a pequena ruína de minha história profissional, foi, de maneira um pouco surpreendente, simultaneamente didática e feliz, e, coisa rara, me dei por satisfeito com o que escrevi.

Falei em "trajetória", em "minha própria trajetória", e, imediatamente, senti certa inadequação: achei o termo pesado, algo que corteja nossa imaginação com mapa e traçado prévio de rota em uma situação na qual a menor investigação salienta, antes, erraticidade que teleologia. Consideremos, para efeito do argumento aqui, que quis tratar de uma noção mais branda, lábil e porosa de trajetória. Foi assim, de um jeito marcado por esses adjetivos — brando, lábil, poroso —, que manuseei meus materiais e produzi um ensaio, que foi publicado na coletânea organizada por minha colega e amiga. Celebramos a publicação, nos alegramos, e por aí ficou, quer dizer: não foi um texto que gerou qualquer resultado visível em termos de aproveitamento posterior por outrem, nenhuma discussão, muito menos polêmica. Foi um final feliz.

Se, em um sentido mais amplo de geração de resultado, a coisa passou desapercebida, não ocorreu dessa maneira no âmbito menor de minhas ocupações. Pois o ensaio continuou comigo: segui gravitando o tema, pensando no assunto, desejando escrever mais a respeito, rabiscando fichas, tendo ideias para explorações futuras, esboçando em fantasia outros ensaios. E, por conta dessa continuada solicitação, o processo desembocou em "Como ser um crítico", que escrevi pouco mais de um ano depois, mais uma vez em virtude do convite de uma colega e amiga.

Dessa vez, busquei uma maneira de mesclar uma ocasião de formação — um debate velado entre um nome muito reconhecido da crítica e eu, ainda doutorando, um sem-nome, um ninguém — a uma oportunidade para comentário de trabalhos artísticos que me interessavam e pareciam servir como um comentário de outra ordem e natureza ao que percebia como diferença no encontro com o velho crítico. De um jeito semelhante ao ensaio anterior, me via procurando um jeito de capturar a experiência de formação: o que foi, quem eu era, como se fez. Juntos, os ensaios registram uma passagem, um trânsito. O primeiro especula, arrodeando relatos de inauguração na carreira de grandes nomes, onde teria sido meu início e encontra algum possível ensaio de começo no mundo do improviso e do acidente, fora da formalização escolar, num encontro casual na biblioteca pública. O segundo explora o universo da formação instituída, institucionalizada, com seus rituais, como a conferência e a aula magna, e seus personagens, como o famoso conferencista e o neófito.

Passaram-se os anos, me desloquei em minha inquietude e inconstância para outras coisas, mas esses dois ensaios continuaram presentes, volta e meia convocando minha atenção. Não pensava nesses materiais como "objetos de pesquisa", no sentido que habitualmente conferimos a isso: não me ocorria sair de minha ocupação central, como pesquisador e orientador, em torno de questões atinentes ao "espaço biográfico", e centralizar o que emergia desses ensaios como meu Para Casa, minhas tarefas a fazer. Mas, é evidente, olhando agora, que seu modo de funcionamento foi, em alguma medida, aquele característico de um objeto de pesquisa. Solicitando a atenção, me endereçavam a leituras, e me ocupava com frequência cada vez maior — em momentos de suposto uso ocioso do tempo — de narrativas de formação de críticos, ou explorações de inclinação autobiográfica de problemas supostamente teóricos. A coisa parecia um prato feito e já estava angulada em termos de objeto e método: se meu "problema teórico" era a "formação do crítico" (e aqui vemos mais uma conjunção de sintagmas enrijecedores e constrangedores, portanto, reclamo que se faça valer também algo que disse antes em relação à noção de "trajetória"), meu modo de exame haveria de ser autobiográfico, ou seja, ensaístico. Seguir com esses ensaios, escrever mais ensaios "como esses", significaria escrever mais sobre mim, ou pelo menos sobre o aspecto da pessoa que era recoberto pela identidade profissional como crítico. Parecia um filão pouco explorado e, por conseguinte, fértil.

Isso se traduzia também em outro aspecto, que percebi só bem depois, uma espécie de pareamento feliz ou vibração harmônica das notas. Pois, na medida em que crescia minha percepção de que esses ensaios que escrevi — e os ensaios virtuais, que queria ainda escrever — configuravam um exame de um projeto de crítico, se transformavam também em um projeto de livro. O desejo de ser crítico se transformava em fazer um livro sobre isso, sobre esse desejo, e as formas que teve para mim. A coisa embute um elemento discretamente paradoxal, pois talvez só seja possível realizar um livro sobre isso quando se sai da condição que o livro almeja prospectar. Eu desejava capturar a juventude da prática crítica, seu momento juvenil, me aproximar de suas particularidades e vicissitudes. Há um pensamento habitual que concebe a juventude como mescla de maior força e potência e menor saber e habilidade. Mas talvez fosse possível uma aproximação ao estado de juventude a partir de termos que reposicionassem elementos dessa economia e, ao supor lá apenas outro saber e outra força, em vez dos termos da proporcionalidade tradicional, compreendêssemos algo que capturamos ainda precariamente. A gente se acostumou a olhar pro crítico maduro, formado e feito. O que esse desvio que eu queria realizar, que achava que estava realizando, traria?

Pensei em seguir escrevendo ensaios com esse tema — digamos, o da "formação do crítico" — e ir radicalizando cada vez mais a abordagem, e me apartando cada vez mais da ideia de que a exploração da experiência que eles realizavam pudesse ter algum valor por conta de sua potência metonímica. Pensava seguidamente em coisas que, tangenciadas nos textos já escritos, pudessem retornar em outra chave: a questão da pobreza familiar e o acesso aos livros, o papel da biblioteca e da universidade, o problema de adentrar o jogo no campo literário e se manter jogando. Queria acolher, e levar a sério sem enrijecer demasiado a coisa, a pergunta de César Aira em *Cumpleaños*: "Como será isso, ter vinte anos? Com um esforço posso imaginar o vigor, o frescor, a beleza, o sorriso dessa idade. Mas vejo tudo como algo distante, uma construção mental, quase desprovida de realidade. Algo que passou há duzentos anos, em outro mundo, e ao mesmo tempo curiosamente próximo, íntimo. Uma fantasia pessoal." Eu queria isto: me aproximar dessa "fantasia pessoal", desse que fui aos vinte anos, desejando ser um crítico, sendo um crítico, mas jovem, de vinte anos.

O que estava diante de mim era, então, um desejo de livro: um livro que examinasse certas formas de início e me conduzisse, por ter escrito essas explorações, a alguma compreensão do que sai dos inícios e, nesse processo, desvia a promessa, trai a origem, nega o destino e inventa um modo de ser, "uma fantasia pessoal". Seus capítulos apresentariam sinais da transformação que buscava tematizar, lançando mão de táticas oportunas para atender às indagações com as quais eu tinha de me haver. Já tinha escrito um ensaio de abertura mais comedido e tradicional na forma, menos usual no tema, e um outro que disfarçava seu núcleo agonístico em um comentário de algumas pinturas, fazendo a interpretação dos quadros aparecer como resposta à pergunta retórica que um crítico mais velho dirigia a uma audiência de jovens universitários. Fazendo mais, em torno de capítulos da experiência, uma certa deriva iria aos poucos ganhando forma, outras ideias e recordações apareceriam, o livro aconteceria, e seria minha compreensão desse mundo outro, mas "ao mesmo tempo curiosamente próximo, íntimo".

Como tantos projetos meus, aos quais me ligava com maior ou menor grau de comprometimento, convivia com essa versão, entre vicária e onírica, de um livro ensaístico, autobiográfico e — diria hoje, pois sequer tinha esse vocabulário quando comecei a pensar nessas coisas — autoteórico. Evidentemente, não dei conta do projeto, fiquei com aqueles dois ensaios já escritos e não retornei mais, em termos de obra visível, ao tema, que hoje tenderia a descrever como um esforço para atravessar uma ideia de crítica como sendo potencialmente partícipe da particularidade intransitiva, instituição de estranheza mercurial e furtiva, do literário. E bastou descrever a coisa assim para que eu pensasse que não se tratava disso, ou não apenas disso, mas, na falta de modo melhor de dizer, e na falta do que pensei que os capítulos do livro que planejei poderiam vir a dizer, deixo por aqui, por enquanto, nesses termos, esse livro sonhado.

II

Há alguns anos, conversava com um orientando e proferi a frase que dá título a este ensaio. Estávamos no fim de uma reunião de grupo de pesquisa, um setor da rotina acadêmica pouco comentado, mas de quase tanta centralidade, como elemento de formação, quanto as aulas. Conversávamos, quer dizer: era uma transação informal, mas que acontecia ali, dentro da universidade, cuja oportunidade tinha sido construída pela universidade. Era uma conversa na periferia de um evento que era marcado por certa formalidade rotineira: o encontro do grupo em uma sala de reuniões, a mesa grande, o texto marcado para discutir, a agenda de discussões de textos de teoria e crítica, as interações subsequentes, a organização das atividades, os envolvimentos, compromissos, planos, projetos, trabalhos, desejos. Tendo tomado contato, ao longo da vida universitária, com núcleos de estudo e trabalho acadêmico que se assemelhavam em lógica e intento à acepção mais ortodoxa de uma linha de montagem fordista, nunca cessou de me estimular a imensa heterogeneidade dos coletivos que habitei e ajudei a construir, tanto como estudante quanto como professor. Tantas curiosidades e motivações traduzidas em empolgação e empenho: as trajetórias reveladas nos textos que as rotas inquisitivas de cada um iam depositando, vestigialmente, nos encontros, até que as pessoas escrevessem seus trabalhos finais, os defendessem, e, ritualmente, saíssem dali, adquirindo um título, retrato de um outro patamar de expertise. Uma espécie de beleza intrínseca a esse pequeno mundo, com suas relações fraternas, outras meramente utilitárias, tudo marcado pelos espaços do convívio, havendo os bons e maus encontros. E, nesse universo, as situações de estar à vontade, nas quais nossa atenção está ao mesmo tempo presente e relaxada, convidando formas tranquilas da imaginação e da convivialidade, como foi aquele momento, naquele dia, após a reunião, no qual disse a um orientando que *Eu queria ser um crítico rosarino* — e rimos, e continuamos a conversar, e saímos da sala, pois essa parece uma frase que se diz de saída, em finais de conversa, caminhando pelos corredores do fim do dia na universidade, envolvidos na graça e na leveza como resolução e envio.

Essa nebulosa, com sua mescla peculiar de aspectos institucionais e pessoais em relação contrapontística, me parece central para que um proferimento como o que realizei aconteça. Só numa forma de convívio, penso, isso pode ter lugar: essa declaração de sonho, esse dito que é, simultaneamente, oportuno e algo tolo, plausível e um pouco vão. Pois essa frase é veraz: diz, efetivamente, de um estado de coisas, se refere a um aspecto do mundo, é representação e retratação. E, para os efeitos almejados aqui, diz sem equívoco sobre mim: eu queria ser um crítico rosarino. Todavia, é, ao mesmo tempo, explicitação de uma impossibilidade: uma coisa meio anômala, um pouco cômica, algo que não vai ser possível, salvo pela adição de um suplemento reencarnacionista à fábula da individualidade. Então é verdade, mas uma verdade menor, verdade do íntimo e, ademais, verdade em modo hipotético: eu *queria ser*, sei que não sou, não serei, não posso ser. Mas posso almejar, e a frase fala desse gesto: de um endereçamento do desejo, malgrado sua patente impossibilidade.

Que me lembre — e me lembro pouco do incidente além da frase, que aqui é recuperada como parte de um fluxo de memória no qual ela se guarda, meio que por conta própria, garantindo sua preciosidade por longevidade em meio a uma lembrança de "Naquele tempo, a gente tinha reuniões de pesquisa na universidade assim" — a conversa trafegava pela questão de preferências e inclinações no campo da crítica. Àquela altura, já professor e crítico em exercício há anos, expunha minhas afiliações. Ao dizer que gostava, dizia *Prefiro que seja assim*. Ao dizer que me interessava, dizia *Prestaria mais atenção nisso de bom grado*. E, ao dizer que queria ser, dizia *Aqui está o meu valor, algo que uso como modelo e medida de sucesso nos meus afazeres*.

Rosario, para mim, começa com os livros de César Aira publicados pela Beatriz Viterbo Editora — se confunde com a própria editora, na verdade, e com o que ela representava como exercício de curadoria e proposta editorial. Mas era, principalmente, a fisionomia de Aira, que fui formando à medida que amealhava seus livros e me vi — sendo avesso a coleções — juntando, marcando os que já tinha e os que já tinha lido. Eram muitos livros, e fui infantilmente feliz com essas buscas por livros pequenos, todos iguais, capa branca e um desenho do mesmo artista, Daniel Garcia, que, evidentemente, lia os livros para fazer as capas, pois o desenho, ao mesmo tempo, indicava um tema presente no livro, mas, tendo lido o livro, revelava um aspecto da narrativa imperceptível para quem não leu. Havia um jogo em operação do qual eu me sentia um participante adventício, e esse jogo envolvia autor, editora, artista das capas e eu torcendo e colecionando livrinhos na audiência. Não sabia exatamente as regras, mas havia uma que garantia minha permanência: era admirar sua poética e, por isso, desejar ler mais e mais César Aira, com seus livros que lia de uma sentada e que me faziam rir, quase sempre, me surpreendiam, regularmente, e me entediavam e aborreciam eventualmente. Era tudo isso: o riso, a surpresa, o tédio. Era uma vida inteira em literatura, de literatura, vidas narradas, personagens estranhíssimos, tudo atravessado por toda ordem de intempestividade. Esse era o efeito acumulado de ler Aira para mim, mais que tudo, antes de tudo: eu me sentia, lendo, mais perto da vida, de alguma vida, e nenhum tempo passado ali era tempo perdido, tudo era frescor, não por ser bom (termo plácido e monótono, embora apetecível), mas por ser vivo (nome que é um gesto em direção a um horizonte mais problemático de definição, capaz de comportar uma amplitude emocional tão diversa que pode ser inabarcável, mas também por isso mais interessante). Aira é meu guia, Aira me leva — pouco importando seu nascimento em Pringles, sua condição de Porteño por escolha — a Rosario.

Escrevo e penso em como esses aspectos da experiência de ler um autor tendem a ser subvalorizados em nossa visão genérica da crítica. Veja que estou tentando me apropriar de uma coisa que já é minha e, que curioso, parece que estou órfão de vocabulário e tenho pouco recurso teórico de que possa usufruir como cama elástica para me sustentar se eu cair, e me sinto em queda, pois me aproximo de uma escritura vertiginosa, que me magnetiza de tantas maneiras distintas que nem sei como começar. Então, forjo um agregado de experiências díspares, misturo muitas leituras, por querer dizer de um ponto de fuga central: admirar um exercício de autoria, correr atrás do que um autor faz, entender como essas coisas já foram, e ainda são, dinamizadoras de alegria. Essa "obra" — entre aspas porque sei da carga pesada que vai no conceito, e também para dizer que quero acolher e rechaçar ao mesmo tempo, usar a alavanca e redescrever a alavanca, um pouco de cada coisa, e que isso é possível, sim, se assim nos dirigirmos a tornar possível — me deu tanto, e, no entanto, vejo que tão pouco escrevi sobre essa obra: uma resenha, um ensaio e meio, notas de aula.

E daí? Como se medíssemos o que nos importa no metro único da quantidade, como se a relevância só pudesse ser vista pelo assalto, pelo massacre do muito. Farto disso, quero acolher o embaraço aqui como sintoma da fortuna, como denúncia da abundância em que essa literatura me projetava, à qual essa literatura me vinculava. E o aqueduto no qual bebia dessa abundância foram esses livrinhos de Aira publicados pela Beatriz Viterbo Editora, todos miudinhos, capas brancas com uma imagem no centro, um pequeno patrimônio atesourado em anos de busca ávida, viagens à Argentina, um matrimônio.

Se Aira é parte do que sustenta meu desejo de ser um crítico rosarino, outra parte seguramente está em Sandra Contreras, uma das inventoras da editora e uma pessoa que passou anos estudando Aira com afinco, até desembocar em uma tese, publicada como livro, *As voltas de César Aira.* Imagino Contreras e suas amigas, Astutti e Zanin, criadoras da editora, juntas, concebendo, primeiro como brincadeira e delírio, depois planejando estratagemas e decidindo como operar para erigir o desejo e o sonho no mundo e, com isso, dando entrada e disparando o projeto que desemboca nesse aspecto da fisionomia de Aira — esses livros que, ao longo dos anos 1990, também o fizeram, como se a editora fosse mesmo seu playground, como se todos os folguedos que desejasse ali fossem viáveis, legítimos, acolhidos. Imagino Contreras, em sua dupla vida como editora e doutoranda, lendo cada um desses romancinhos de Aira e encaminhando suas hipóteses de investigação, arrecadando evidências, fazendo anotações, fichamentos, apresentando parcelas de constatação em textos de seminários.

Imagino tudo isso por não saber direito como foi, por só ter acesso a essas coisas em uma versão fabulística e circense, que é a inventada pelo próprio Aira em seu *Os mistérios de Rosario*, romance que faz de todas essas pessoas, e muitas mais, ligadas ao mundo literário e universitário rosarino, seus personagens. Imagino tudo isso por ser o que projeto por analogia com minha experiência própria, de doutorando, em outro cenário, país e universidade, trabalhando em outros temas, mas sabedor de uma espécie de lógica comum do ordinário acadêmico nas ciências humanas no capitalismo tardio. Imagino tudo isso sabendo que, provavelmente, algo foi assim mesmo, mas muito também não foi, e, ainda assim, imaginando isso e me projetando analogicamente ao trabalho de Contreras sobre Aira, crio condições de comentar outra experiência extraordinária de leitura que foi a dessa tese, a desse livro sobre Aira escrito por Contreras, que muito contribuiu para meu desejo de ser um crítico rosarino.

Mais uma vez, o que se deposita em minha memória, a impressão que ficou da leitura desse livro, se aproxima do sentido da vertigem. Da tese esperamos o tratadístico e alguma monotonia ordeira e derivativa, apresentada como prova de saber e prova de poder fazer: quem a fez diz que sabe e comunica o que se dispôs e propôs a saber. Já houve época em que esperávamos que um autor de tese soubesse do tema como ninguém, articulasse o último momento do discurso, dissesse a última palavra que teria de ser o ponto de onde partiriam novos empenhos. É certo que ainda perdurem os que pensam assim, mas o fato é que já não penso mais em uma tese nesses termos há muito tempo — em especial depois que eu mesmo escrevi uma, um esforço trôpego e claudicante, movido por admiração e ardor genuínos, mas incapaz de traduzir essas emoções em qualquer forma de excelência expositiva, confundindo o tempo todo uma interpretação forte com acenos de grande veemência retórica. Seria muito pouco provável que eu, interessado como estava em César Aira, me visse diante de uma tese sobre ele e não me interessasse também por ela. Mas o que não esperava é que a tese em questão, ao ser fiel ao seu intuito hermenêutico central, explicitado no título, corresse ao lado do autor da maneira como correu, fazendo acontecer um texto que, sendo ortodoxamente acadêmico e sem nenhuma presunção emulatória, lembrava uma aventura do próprio Aira. Contreras vai e volta, persegue de um lado e do outro, acossa e assedia, e faz essas coisas com tamanha volúpia que só consigo evocar uma imagem que mescla um 007 frenético e muscular, como o de *Casino Royale*, participando das peripécias de uma trama encantadora, *à la* Jacques Tati.

Manuseei o livro, agora em busca de um trecho particular que me facultasse provar algo assim, dar evidências, e não foi em vão o manuseio, mas não é disso que se trata: é um efeito de conjunto e, além disso, um efeito muito forte de primeira leitura, da surpresa gerada pelo encontro. Afinal, eu já sabia o que era — uma tese exegética, um trabalho de interpretação sinótica de uma obra. Mas não sabia que tinha sido feita à maneira de portal dimensional, dando entrada em uma estratégia de comentário que eu sequer sabia ser possível nesse domínio do hermenêutico. Não sabia que se podia manusear um autor assim, como Contreras fez com Aira, dizendo tanto e de tal maneira, ao se colar e se identificar com o autor e seus movimentos, alguns mais sistemáticos, outros mais espasmódicos, todos acompanhados de uma espécie de intensa premonição crítica, como se Contreras fosse uma vidente em transe, sua tese, uma bola de cristal, e suas interpretações, um exercício de sortilégios.

Tateio mais uma vez à caça de terminologia para descrever, pois não sei como. Já tinha lido teses de dissecação sistemática, algumas vetustas e bocejantes, outras incisivas e cortantes. Conhecia a implicação de decifração, a pulsação do desejo jamesiano de descobrir a figura no tapete, que por tanto tempo me pareceu a definição suprema da tarefa da crítica. Havia, sim, algo dessa ordem aqui. Mas parecia também que, uma vez que a obra examinada era tão mercurial, intensa e proliferante, o laboratório de sua desencriptação tinha aberto as portas a um cientista louco, resultando em um festival de catástrofes, deformações monstruosas e alterações da percepção propostas, de maneira legítima e persuasiva, como interpretação. Contreras quer dizer o que Aira diz e o que seus textos significam, e faz isso adentrando a mesma montanha-russa na qual o autor passeia, se permitindo avançar, borgianamente, sobre uma região especulativa da verdade. "Acreditei perceber", diz, "ciclos, pontos de virada, pontos de inflexão". Poderia ter dito: "Inventei, aqui, um jeito de falar de Aira e com Aira: confiram, conversemos." No loop da montanha-russa Contreras se lança do carrinho que ocupa, solitária, justamente no momento de inversão da curva: miraculosamente se vê, ilesa, alojada ao lado de César Aira, que estava só alguns carrinhos adiante, e sorri plácido, agora curtindo ao lado dela o restante do passeio. Admirei e invejei muito essa tese, lida quando já sabia não ser possível ter, para mim, sob meu nome, um trabalho semelhante, marcado por um vínculo tão intenso de cuidado e virtuosismo, de apego e liberação. Como nossa pobreza nunca é anteparo para a sensibilidade diante da riqueza alheia, me vi, leitor dessa tese, diante da mesma abundância e generosidade que sentia nos textos de Aira, cuja leitura acumulava e que agora se integrava a esse livro que, sendo "sobre" ele, era também "ao lado" dele, companheiro de viagem, irmanado ao devir-delírio que perfumava suas obras inventivas.

III

Nos agradecimentos do livro de Contreras, nos quais se explica a origem e o percurso que desembocaram no que lemos, vi "A Alberto Giordano, que me ensinou a ler". O que quer dizer isso, nesse contexto, "ensinar a ler"? Não se tratava, é claro, de alfabetização ou de letramento: não era à operação das séries iniciais que Contreras se referia. Era um algo mais, uma outra ordem de ler, que eu não sei se sabia exatamente o que era. Mas quis saber quem era essa pessoa, "Alberto Giordano", que até ali não conhecia, e quis também aprender a ler daquele jeito, de preferência com ele. Quis ter aquilo pra mim, ser capaz daquilo que, ali, se chamava de "aprender a ler": quis, portanto, me transformar, ser outro, virar um crítico rosarino, me metamorfosear nessa entidade impossível.

Honestamente, não sei se foi desse jeito que cheguei a ler os ensaios de Alberto Giordano. Talvez tenha sido, pensar assim me organiza, permite uma rota para esse ensaio, me ampara em meu desejo já premente de concluir, de arrematar. Há um repertório de maneirismos que passam como elementos de estilo e, sendo meio imponderáveis, venderão a mim a ideia de ter criado algo, a você a ideia de ter lido, as duas operações habitando simultaneamente certa condição de completude, mais ou menos satisfatórias, mas, sem dúvida, findas, trabalho terminado. Mas outras rotas de encontro são igualmente possíveis. Claramente, há uma mais acidental e por isso talvez mais próxima dos acontecimentos: que eu tenha buscado livros da Beatriz

Viterbo numa livraria, manuseado algum deles, ficado curioso, eis aqui um comentador de Borges, de Saer, de Piglia, que curioso, e então comprado, lido, apreciado, em outra ida à livraria comprado outros e assim seguido vida afora. Me fascina constatar que não saiba mais e, embora talvez tenha reportado algum entusiasmo no diário que mantive por muitos anos, longe de mim o ímpeto de manusear páginas passadas para buscar algo que, me parece, já está bem dito aqui: encontrar Giordano é encontrar um aprendizado da leitura.

Tenho vontade de reescrever o parágrafo anterior, mas, enquanto o escrevia, recordei que, durante muitos anos, tendo lido seus ensaios, busquei Giordano em eventos literários — congressos, jornadas, seminários. Hoje, a memória me oferece mil detalhes dessas situações, e foram muitas: lembro dos espaços, das salas, das pessoas, do frio, de minha vergonha por meu espanhol ruim, o portunhol que me deixou mudo tantas vezes nessas situações. O que eu buscava quando digo que buscava Giordano? Uma pessoa física eventualmente apareceria, daria seu recado acadêmico, e a ela talvez fizesse uma pergunta que se desejava prova de inteligência e estímulo ao interesse, típica do cenário de uma palestra. Ou talvez eu aguardasse o aplauso e o encerramento, o cumprimentasse ao final da fala, juntando ao aperto de mão um depoimento admirado e grato. Tudo fazia sentido, pois Giordano era um crítico e professor de Rosario com quem eu queria "aprender a ler".

Um desses eventos aparece para mim com muita força. Era uma jornada em homenagem a Saer que aconteceu na Biblioteca Nacional, em Buenos Aires, em 2011. Eu estava muito envolvido com Saer nessa época, estudando, escrevendo sobre ele, planejando escrever sobre ele. Foi um evento formidável: fizeram uma espécie de inventário de gerações de saerologistas, e estavam presentes Horacio Gonzalez, na condição de presidente da Biblioteca, mestre de cerimônias e propositor da celebração, junto com Beatriz Sarlo e Maria Teresa Gramuglio. Havia diretores de cinema e teatro, como Coll e Beceyro, e filmes inspirados nos escritos de Saer seriam exibidos, bem como um documentário sobre ele. Alunos de Saer e professores ligados à promoção de sua obra — e até sua irmã — compareceram à cerimônia que batizou uma das rampas de entrada da biblioteca de Rampa Saer. O editor de Saer na Seix-Barral, Alberto Díaz, fez um depoimento pungente e rico, cheio de melancolia, mas que também fez a audiência rir. Era, talvez, um dos primeiros movimentos institucionais mais enfáticos em seu intento de canonização de Saer na Argentina — depois, essa coisa ia se multiplicar, como é da natureza mesmo dessas coisas.

No dia da mesa na qual deveria comparecer Giordano, cheguei mais cedo, escolhi um bom lugar, fiquei lendo. Vi um cavalheiro grisalho e muito elegante, um tipo muito argentino, diria, chegar pontualmente, com a sala já cheia, e se aproximar da mesa de expositores. "É Giordano!", pensei. "Enfim!". E me preparei para a mesa-redonda. Mas estava equivocado: quem eu pensava ser Giordano era na verdade Martín Prieto, que falou um pouco, e com muita eloquência e sentimento, de seu convívio desde a infância com Saer, por conta da amizade de seu pai com ele, e leu um belo poema elegíaco. Foi uma performance linda, e, ao final, me dirigi à mesa e apertei sua mão, o cumprimentei pela excelente participação. Não sei por que fiz isso. A admiração era genuína, mas gostei muito de outras falas e não fui lá dar parabéns a ninguém, sou uma pessoa tímida e essas coisas são custosas pra mim. Talvez eu estivesse de tal maneira pensando que era Giordano, que enfim eu veria Giordano falar, que o ímpeto do cumprimento me tomou e inercialmente me levou até o gesto. Prieto era de Rosario também, mas não era Giordano. Pois, como uma espécie de Tim Maia da crítica, Giordano marcava e não ia: os eventos listavam seu nome e davam o título da palestra, eu me dirigia à sala de conferências e, na hora aprazada, nada, Giordano nunca estava lá.

Nesse dia, o último do evento, saí tarde da biblioteca. A noite estava friíssima, caminhei um pouco até chegar na Corrientes, estava um pouco atônito depois de três dias de tanto Saer, estava também algo absorto em questões saerianas. Me sentia preocupado e impaciente, e não conseguia precisar o porquê. Era um enigma isso de tanto querer ver Giordano e nunca o encontrar, qual o sentido disso? Não sabia responder, entrei numa livraria para me esquentar e distrair; terminei comprando um livro do Aira que ainda não tinha, *Cumpleaños*. Uma edição medonha da Mondadori, tristemente não era da Beatriz Viterbo, lamentei.

O que se pode saber sobre o início das coisas? Vivemos cortejando a mitologia da origem como fonte, fazemos todo tipo de estripulia para metamorfosear *telos* em *arché*, tudo por esse desejo de descanso e prostração diante de um momento original e originário, doador de sentido e definidor de destino. Me ocorreu que o Giordano que eu buscava provavelmente já tinha encontrado: estava em seus ensaios, que me falavam de um lugar simultaneamente conhecido (certa matriz crítica afeita a uma forma mais autobiográfica e pessoalizada de enunciação) e ignorado (a região em que o sujeito crítico se torna parte do problema com o qual a crítica tem de se haver, fundamento da experiência de leitura da qual tudo emana e deriva). Queria alguém que me ensinasse a ler, mas já tinha mais de trinta anos e não sabia se isso seria ainda possível, embora soubesse que seria certamente possível aprender algo, aprender. Queria ser um crítico rosarino e sabia que isso era, ao mesmo tempo, impossível e verdadeiro: eu já era uma pessoa que queria ser um crítico rosarino, e a pessoa que eu era e a que eu queria ser estavam ali, juntas, uma e outra.

Não escrever. Cadernos com R. B.

Paloma Vidal

Um texto são muitos textos. O que foi escrito é feito de textos lidos, histórias ouvidas, versões descartadas, lembranças que voltam. Este, em particular, foi sendo escrito de várias maneiras, concomitantes: um texto em versos, para ser lido em uma performance; anotações para aulas na universidade; um diário que conta uma viagem à França, para investigar o romance não escrito por Roland Barthes, "Vita Nova". Morei lá durante 6 meses, com meus dois filhos, em um apartamento alugado de uma professora que havia se mudado para o Japão, país que Barthes visitou várias vezes e que estava ligado para ele à possibilidade de escrever. Escrevi esses textos entre 2015 e 2018, a partir de uma inquietude relacionada aos momentos em que — por motivos difíceis de entender ou de explicar, quem sabe pessoais, políticos, criativos — se torna impossível continuar escrevendo. A todos dei o nome de "Não escrever". Este é um trecho do diário da viagem. Quando o releio hoje, parece como um sonho, não porque tenha sido uma ilusão ou um idílio, mas pela sensação de intervalo e de exterioridade, de algo que interrompeu a experiência e não me pertenceu inteiramente.

[...]

É hora, então, de começar. Há alguns dias, a mãe de um colega do Felipe me perguntou o que eu estou fazendo aqui. Contei sobre R. B.: "Laurent Barthes?", ela perguntou. Repeti o nome e expliquei quem era. Ela quis saber mais e falei sobre o romance não escrito. Ela exclamou: "Ah! Você veio aqui para escrevê-lo." Rimos. Pensei que seria uma espécie de profanação. Com esse pensamento, começo a ler o livro da Claudia, que trouxe comigo do Brasil. Tem um prefácio que eu agora vou pular. Tem uma dedicatória: "para

Emílio, porque tudo isso é só sobre nós dois." Acho linda e intrigante. Profanação e amor — é isso que tenho na cabeça ao começar. Continuo a leitura e não sei mais o que fazer com esses pensamentos. Barthes escreveu ou não escreveu o romance? Diana Knight, Éric Marty, Antoine Compagnon podem ajudar a responder essa pergunta? Não é ela a profanação? É para isso que estou aqui? Um crítico escreve: "o fracasso do projeto é resultado de sua intertextualidade vasta demais." Então é isso: ele exagerou na leitura, por isso não escreveu? Gosto de que, ao invés de assumir o fracasso, Claudia pense em uma espécie de romance infinito. Seu livro seria um álbum. Gosto de que ela assuma que muitas perguntas não têm resposta, ao invés de querer ser dona do desejo de R. B.. Ele queria escrever esse ou aquele livro. Ele não queria. Ele não conseguiu. Por que supor que o que Barthes escreveu nos manuscritos do "Vita nova" certifica mais sua vontade de publicar tais papéis ou tais outros do que o modo como os deixou dispostos sobre a mesa? Talvez não haja opção para quem se dispõe a ordenar um arquivo, um trabalho de detetive. Claudia propõe os seguintes temas: "Escrever a vida", "Escrever o romance", "Escrever a língua", "Escrever o amor". Começo pelo final. Quando pergunto pela dedicatória, ela me diz que tanto em *A câmara clara* quanto em *Diário de luto* e no "Vita Nova", a questão de Barthes era o luto da mãe e que por isso a relação entre ela e o Emílio se colocava de uma maneira muito forte no livro. O curioso é que, ao ler a dedicatória, o que me veio à cabeça foi a relação com a viagem e não com o luto. Talvez por se tratar de um filho pequeno, de uma mãe jovem, mas principalmente porque logo imaginei os dois sozinhos aqui, enquanto ela fazia a pesquisa. Os dois sozinhos e juntos. "No discurso amoroso, como veremos, esse 'eu amoroso' tem a ilusão de chegar a essa completude para sempre perdida." Aprendo com ela sobre a dinâmica do seminário dado por Barthes em torno do discurso amoroso entre 1974 e 1976. Havia um "diário amoroso" e seus alunos eram convocados a compartilhar suas experiências. Barthes estabelece uma conexão entre luto amoroso e cena analítica. Ao que parece, há algo de terapêutico no seminário. E quanto à escrita? "Saber que não se escreve para o outro, saber que essas coisas que eu vou escrever não me farão jamais amado por quem eu amo, saber que a escrita não compensa nada, não sublima nada, que ela está precisamente *aí onde você não está* — é o começo da escrita." Me detenho nessa frase. Saber que a escrita não traz o amor de volta. Ela faz o quê então com esse amor? Ela é a realização da perda. Ela permite deixar o amor de lado. Me lembro do livro *O fim da história*, de Lydia Davis, que Leonardo me recomendou. Ainda não li. Procuro na Amazon. Dá para ler o início sem comprar. A narradora conta que, um ano depois da separação, seu ex enviou a ela um poema pelo correio, endereçado como uma carta, com seu nome, um poema sobre "*absence, death, and rejoining*". Tenho dificuldade em traduzir *rejoining*. "Reencontro" talvez. O que ela esperava não era isso, e sim os mais de 300 dólares que ele lhe devia, que poderiam estar em um envelope como aquele, mas não estavam. Sem saber o que responder, ela responde contando exatamente o que aconteceu: o recebimento do poema, a expectativa não cumprida, a dúvida sobre o que fazer. Um tempo depois, ela vai à procura desse homem, no endereço que estava no envelope, e não o encontra. A história parece ter chegado ao fim quando, pouco depois, sentada no canto de uma livraria, um desconhecido lhe oferece uma xícara de chá. Ela escreve: "Esse parecia ser o fim da história, e por um tempo foi também o fim do romance — havia algo de tão definitivo naquela xícara amarga de chá. Então, embora ainda fosse o fim da história, eu o coloquei no início do romance, como se eu precisasse contar o fim primeiro para continuar e contar o resto." Ela encontra, assim, um jeito de começar que lhe permite continuar. Claudia, ao aproximar amor, loucura e fotografia em *A câmara clara*, diz que "o seu projeto de romance, 'Vita Nova', pode ser concebido como uma continuação dessa busca (ou construção) de lugares loucos, onde o amor ainda possa viver". Fazer viver o amor. Realizar sua perda. Penso que são formas de uma continuação possível.

* * *

Nasceu o filho da Magali. Você achou graça da coincidência com o nome do seu autor favorito. Ela enviou uma foto do bebê vestido com o quimono da maternidade. Imagino-a nesse lugar, tento ao menos. Imagino, sobretudo, uma série de dificuldades, com a língua, com os métodos, com a comida. Mas é provável que ela não sinta nada disso. Ela escreveu: "Roland Barthes se encontrou deslocado em um mundo em que seus próprios códigos culturais não eram mais eficientes. Despojado de sua capa cultural, o sujeito Barthes, submetido a uma transformação profunda, se integra com brandura como um material maleável em um universo de representação." Será que ela se integra com brandura? A palavra em francês é *souplesse*. Duvido ao traduzi-la. Maciez, flexibilidade, maleabilidade, suavidade? O som de nenhuma dessas palavras dá a ideia do sopro que parece estar em *souple*. Em todo caso, ela não é *souple*. Eu não a descreveria assim. Ela é sólida. Dura. Mas ela tem também uma agilidade, na fala e nos movimentos, que é sem dúvida uma espécie de suavidade. Ela me parece ter uma suavidade sistemática, se é que isso é possível. Como será que está se organizando com o bebê? Não consigo imaginar. Vou até a cozinha, até o mapa que ela deixou colado na parede, um mapa de Kyoto, ao lado do qual eu colei um mapa de Paris. Ele não me diz nada. Tenho me impressionado com minha incapacidade para ler mapas. O de Paris mesmo: na minha cabeça, cada hora o sul está em um lugar diferente. Como eu seria então capaz de ler, à distância, um mapa de uma cidade japonesa? E mesmo se eu fosse capaz, se eu entendesse onde estão o norte e o sul, onde está Kyoto dentro do Japão, onde está a casa dela dentro de Kyoto — mesmo se eu fizesse isso, o que isso me diria sobre o dia a dia dela ali, com seu bebê recém-nascido? "No Japão, a cotidianidade está estetizada", escreve Barthes. Segundo ela, há para ele "uma certa estética do quotidiano feliz reencontrada no Japão." O que será que ela encontrou, ou reencontrou, no Japão? Escrevo isso e penso o pouco que essa pergunta tem a ver com ela, com o que eu sei dela. De repente me vejo biógrafa. "Se eu fosse escritor, e estivesse morto, como eu gostaria que minha vida se reduzisse, pelos cuidados de um biógrafo amigável e desenvolto, a alguns detalhes, a alguns gostos, a algumas inflexões." Mesmo sem saber quase nada do Japão da Magali, é possível ligá-lo ao de Barthes de um jeito que permite criar uma narrativa de vidas que se cruzam.

* * *

Começo. Recomeço. Desta vez, começo, com certa solenidade, a ler a biografia de R. B. escrita por Tiphaine Samoyault. Com notas, índices, créditos, tem 715 páginas. Duvido da minha capacidade de chegar ao fim, mas não vou falar disso agora. Tenho pela frente, hoje, um prólogo e uma introdução. Ela começa pelo fim. Pela morte. Pelos detalhes da morte. Entendo então que, com uma biografia, a gente aprende. A gente finalmente fica sabendo — os detalhes, os fatos. Como um romance, só que é verdade. É verdade e é como um romance. Samoyault imagina o dia do acidente: "Depois ele se prepara, sem saber necessariamente bem o que o conduziu a aceitar esse almoço." Imagina-o deixando sua casa, com papéis sobre a mesa, aos quais voltaria depois. Ela entrevista, ela lê. Ela se apropria das ficções dos outros. "Ela lhe diz ainda assim que vai ajudá-lo, que devia a ele seu primeiro trabalho em Paris, que foi ele que lhe ensinou a ler, que eles iam partir de novo juntos, ao Japão, por exemplo." Quem fala é Olga em *Les Samouraïs*, romance de Julia Kristeva. Talvez ele duvidasse disso. Talvez ele duvidasse desse amor. E se escrever fosse, afinal de contas, para ser amado? E se a incerteza de conseguir "bloqueasse a vontade de viver?", pergunta a biógrafa. É para falar da morte e do amor que Barthes continua escrevendo. Uma questão que se coloca para ela é como contar a vida de alguém que já escreveu tanto sobre sua própria vida. Nesse momento, ela cita o trecho sobre o biografema. Traduzo de novo: "Se eu fosse escritor, e estivesse morto, como eu gostaria que minha vida se reduzisse, pelos cuidados de um biógrafo amigável e desenvolto, a alguns detalhes, a alguns gostos, a algumas inflexões, digamos 'biografemas', cuja distinção e mobilidade poderiam viajar fora de todo destino e vir tocar, ao modo dos átomos epicurianos, algum corpo futuro, prometido à mesma dispersão." Ele próprio fez isso em *Roland Barthes por Roland Barthes*. E são muitos os textos que se debruçaram sobre a relação entre vida e obra em Barthes: as biografias anteriores (de Louis-Jean Calvet e Marie Gil), os testemunhos de quem o conheceu (Éric Marty, Colette Fellous, Antoine Compagnon ou Tzvetan Todorov), os romances que o tem como personagem (de Sollers, Kristeva, Thomas Clerc e Jorge Volpi), os ensaios críticos (Claude Coste, Bernard Comment, Philippe Roger e vários outros). Qual seria então a diferença do seu trabalho? Simplesmente uma insistência na linearidade e na unidade, apoiada em um trabalho consistente e aprofundado sobre os arquivos, muitos antes inacessíveis. Outra diferença importante: não ser contemporânea de Barthes. Não o ter conhecido, ter nascido em 1968, ter lido *Diário de luto* em 2009. Estar lendo esse livro em fevereiro de 2009, quando sua própria mãe morreu. É isso que faz seu trabalho começar. Ela então começa por sete folhas "perdidas em uma caixa de documentos biográficos e administrativos". Sete folhas e uma breve cronologia, escritas por ele. Uma tentativa de autobiografia, que começa em 1915, em Cherbourg. No ano seguinte, a morte do pai, marinheiro, e uma confusão de datas: "1915 (sic) — 1924: viúva, minha mãe se retira a Bayonne". Ela então começa pelo mar, de Cherbourg a Bayonne. E pela ausência do pai: "Perdendo-se no mar, seu pai não o priva somente de autoridade e de força de oposição, ele o coloca em desequilíbrio." Ela começa pelo par *mer/mère*. O pai se perde no mar e o deixa com a mãe. Esse abandono cria a necessidade de se recriar a si mesmo, apoiado na âncora materna.

* * *

Não sei se Magali imagina até que ponto sua casa foi invadida. É muito possível que ela não veja as coisas desse modo. O que ela diria se visse que eu colei o mapa de Paris ao lado do seu mapa de Kyoto? Que escrevo isto com sua caneta laranja e em um caderno que achei em uma de suas gavetas? Que me fantasio dela, usando seu casaco de veludo verde e seu chapéu marrom de feltro? Que passo horas diante da sua biblioteca reorganizando os livros segundo os meus desígnios? Que leio *O império dos signos* em seu volume das obras completas e não começo pelo texto de Barthes, mas pelos post-its rosa colados na parte superior das páginas, com pequenas notas? "*Le plan de Tokyo — les adresses — centre vide*". "Vazio" está sublinhado duas vezes. O livro de Barthes é de 1970. Está dedicado a Maurice Pinguet, nome que ela acompanha de um ponto de interrogação. Depois destaca a apresentação inicial em que Barthes propõe que o texto não comenta as imagens, e as imagens não ilustram o texto. Ela sublinha "vacilação visual", movimento que Barthes associa ao *satori* do Zen. A palavra aparece muitas vezes na *Preparação do romance* para pensar o que ele quer do seu "Vita Nova". No "Epílogo" do livro da Claudia, encontro uma frase que me chama a atenção: "Barthes pensava em não publicar o romance em si, mas os fragmentos de uma grande obra inacabada, justamente o romance 'Vita Nova'". Ele queria publicar o percurso e não o resultado. Penso que talvez porque ele não quisesse escrever um romance no sentido de terminar um romance, mas no sentido de estar escrevendo, de se manter na escrita, de poder continuar a escrever. Qual é a vantagem disso? O que isso lhe dava? Claudia cita um trecho sobre o Tao, da *Preparação*: "Método = caminho (Grenier, Tao = Caminho. O Tao é, ao mesmo tempo, o caminho e o fim do percurso, o método e sua realização. Assim que encontramos o caminho, já o percorremos.) Tao: o importante é o caminho, o andar, não o que se encontra no fim — a busca da Fantasia já é uma narrativa → 'Não é necessário esperar para empreender nem triunfar para perseverar'." Não é uma pulsão negativa de não escrever, mas uma pulsão vital de não terminar. Barthes escreveu o romance, mas não o terminou. Por causa da morte real, mas pode ser que isso não faça tanta diferença afinal de contas. O importante é que o que se escreve tenha uma verdade em relação à vida, que seja a possibilidade de encontrar o "momento de verdade", o *satori*, que também interessa Magali, no trecho mais longo que ela sublinha do livro. Traduzo: "um tênue filete de luz que busque, não outros símbolos, mas a fissura mesma do simbólico. Essa fissura não pode aparecer no nível dos produtos culturais: o que é apresentado aqui não pertence (pelo menos o desejamos) à arte, ao urbanismo japonês, à cozinha japonesa. O autor jamais, em sentido algum, fotografou o Japão. Seria antes o contrário: o Japão o irradiou com clarões múltiplos; ou ainda melhor: o Japão o colocou em situação de escrita. Essa situação é exatamente aquela em que se opera um certo abalo da pessoa, uma reviravolta das antigas leituras, uma sacudida do sentido, dilacerado, extenuado até seu vazio insubstituível, sem que o objeto cesse jamais de ser significante, desejável. A escrita é, em suma, e à sua maneira, um *satori*: o *satori* (o acontecimento Zen) é um abalo sísmico mais ou menos forte (nada solene) que faz vacilar o conhecimento, o sujeito: ele opera um *vazio de fala*. E é também um vazio de fala que constitui a escrita; é desse vazio que partem os traços com os quais o Zen, na isenção de todo sentido, escreve os jardins, os gestos, as casas, os buquês, os rostos, a violência."

* * *

Do Abribus, bar onde me sento depois de deixar os meninos na escola, é possível ver, ao fundo da rua de Fontarabie, o Cité Adrienne. Ainda não contei a Adriana que o prédio onde moramos se chama assim. Não é um prédio, como Antonio faz questão de esclarecer a cada vez que uso essa palavra: é um condomínio. Mas essa palavra também não nos parece muito apropriada e é ele quem acrescenta: "não é *bem* um condomínio." São vários prédios, de diferentes tamanhos, mais baixos, mais altos, ocupando boa parte da quadra entre as ruas de Bagnolet, des Pyrenées e de Fontarabie. Logo que cheguei ao apartamento da Magali, achei entre suas coisas um livro sobre este bairro. Ali ninguém fala do Cité Adrienne. É um livro sobre a história do *20º arrondissement*, que tem origens operárias. Em que momento o que havia ali desapareceu para dar lugar a estes blocos geométricos? Sim, são blocos geométricos e, ao mesmo tempo, dissimétricos. Fico tentando desenhar mentalmente essa geometria, mas fracasso porque ela parece se contradizer: as formas são muito bem definidas em cada pedaço, mas, entre um pedaço e outro, a lógica que as constrói muda, e mesmo dentro de cada pedaço. Há geometria sem simetria, e eu não consigo dissociar uma da outra. A cidade, em geral, penso, não consegue dissociar uma da outra. Nesse sentido, o Cité Adrienne desafia tudo o que eu poderia ter imaginado sobre este lugar. Tudo o que eu imaginei sobre ele e sobre nós nele. Lembro da frase da Magali: "espero que você goste da nossa casa tanto quanto nós." Não sei se é possível gostar do Cité Adrienne. Uma vez por dia, me posiciono em alguma janela, da sala, da cozinha, do bar, e tento fazer um desenho. Faço isso com uma caixa de lápis de cor dela. Os desenhos saem meio japonisados, traços finos, cores pastéis. Não sei se gosto, mas gosto de fazer. Anoto embaixo de um deles o que Antonio disse assim que chegamos: parece paulista, que engraçado.

* * *

R. B. não quer aprender japonês. Ele quer permanecer na estranheza que lhe provoca a possibilidade, ou a impossibilidade, de "imaginar um verbo que seja ao mesmo tempo sem sujeito, sem atributo, e, no entanto, transitivo". Manter a transitividade sem sujeito e sem atributo: escrever sem definir? Talvez nossas línguas não sejam capazes de fazer isso. Ajudando meus filhos a estudar francês para a escola, percebo essa lógica implacável relacionada a uma ordem específica. É uma disciplina à qual as escolas francesas se mantêm muito fiéis. R. B. também. Penso isso ao ler suas descrições da comida japonesa. Ao mesmo tempo, como nota Magali, pelo efeito da combinação dos fragmentos, e dos fragmentos com as imagens — nessa composição, nessa disposição —, talvez seja possível romper com a ordem, como em um haicai. Mas não teria sido melhor se decidir por outra forma? "A comida não passa jamais de uma coleção de fragmentos dos quais nenhum aparece privilegiado por uma ordem de ingestão: comer não é respeitar um menu." Ao voltar de sua segunda viagem, Barthes escreve a Pinguet que teve um sonho em que seu quarto na rua Servandoni se comunicava diretamente "com aquela ruela de Shibuya onde se encontra o bar PAL". Traduzo do livro de Samoyault. Uma comunicação assim, direta, no entanto, é difícil. O haicai atrai, parece fácil, simples, como um passeio, caderno na mão, anotando suas impressões, mas no Ocidente tudo se transforma pelo símbolo e pelo raciocínio. A imagem que vem a ele é a do haicai como uma casa vazia que seria arrombada por nossa vontade de significar. Ele está fascinado com a possibilidade de uma suspensão do sentido, como no *satori*, "suspensão pacífica da linguagem, o azul que apaga em você o reino dos Códigos, a quebra dessa recitação interior que constitui nossa pessoa". Como escrever assim? Barthes confia na possibilidade de escrever "incidentes". A fragmentação do livro poderia levá-lo nessa direção. Mas ele comenta — comenta o Japão, o haicai, a comida, a papelaria. Distingue. Compara. Opõe. O livro me chateia. Queria que ele fizesse outra coisa com isso. Vou de novo a Samoyault. Gosto de saber que ele queria passar uma temporada mais longa no Japão. Que, no final das contas, ele começou a aprender japonês. Que fazia listas de palavras nos seus cadernos. Fico querendo ver esses cadernos. Para quê exatamente? Volto ao *Império dos signos*. Como eu gostaria que ele escrevesse? Leio na contracapa do volume das obras completas o trecho sobre o biógrafo que está em *Sade, Fourier, Loyola*. O trecho coloca um problema de tradução: ele escreve "*Si j'étais écrivain, et mort*", o verbo *être* aparece uma só vez, mas é utilizado como "ser" e "estar". Não tenho o livro em português aqui comigo para ver como o tradutor, Mário Laranjeira, resolveu isso. Acho que o melhor seria: "Se eu fosse escritor, e estivesse morto". Mas poderia ser divertido também escrever "Se eu estivesse escritor, e morto" ou "Se eu fosse escritor, e morto". No final desse livro, uma série chamada "Vidas", que me encanta. Numeradas, as biografias-bonsai narram cenas que ligam a vida, a escrita e a leitura, com um humor suspendido. No fragmento 13°, ele escreve: "Sade tinha uma fobia: o mar. O que daremos para as crianças lerem nas escolas: o poema de Baudelaire ('Homem livre, tu sempre escolheras o mar...') ou a confidência de Sade ('Eu sempre temi e detestei prodigiosamente o mar...')".

* * *

Hoje foi dia de passeio na turma do Felipe. "*Sortie*", eles chamam. Não estava preparada para que ele saísse pela cidade sem mim. Então foi um alívio quando a professora me perguntou se eu poderia acompanhar a turma, para ajudar a cuidar das crianças. A escola sempre solicita voluntários entre as mães e os pais, porque a professora e a ajudante não dão conta de levar as crianças de metrô ou de ônibus, atravessar ruas, subir escadas, acompanhá-las ao banheiro e tudo mais que acontece em um passeio como esse. Neste caso, ao Palais de Tokyo, para ver uma exposição chamada *A borda dos mundos*. Traduzo da filipeta: "É possível fazer obras que não sejam 'de arte'? Interrogando-se com Duchamp sobre a essência da criação e seus territórios, o Palais de Tokyo explora os mundos intersticiais, nos limites da arte, da criação e da invenção. A exposição *A borda dos mundos* convida a uma viagem aos confins da criação, revelando as prodigiosas buscas e invenções de visionários para além do território tradicional da arte." Duvido sobre como traduzir *recherche* e só agora me dou conta do duplo sentido da palavra, que aqui poderia ser tanto "busca" como "pesquisa". Todos nós ficamos fascinados com as imensas criaturas de praia de Theo Jansen, correndo pela areia, carregadas pelo vento, e me dá vontade de levar os meninos para ver o mar. Duas guias jovens, pacientes e severas, fazem as crianças se sentarem em círculo e vão extraindo a explicação sobre o mecanismo criado por Jansen dos comentários delas. Elas entendem o que a gente fala? Onde elas moram? O que elas comem? Qual o seu nome? A professora intervém e pergunta: vocês acham que são bichos de verdade? Felipe faz "sim" com a cabeça. Ele entendeu a pergunta. Me surpreende que ele tenha entrado nessa língua tão rápido. Laura, que está do meu lado, parece ler meus pensamentos e comenta exatamente isso. No metrô de volta, ela me pergunta como anda "o livro de Barthes". Desde nossa primeira conversa ela passou a chamá-lo assim e a me perguntar sobre ele. Até a estação Buzenval são 19 paradas. Eu teria tempo o bastante para responder à pergunta que ela me faz me pegando de surpresa: "Por que você se interessa tanto por esse Barthes?" Eu poderia tentar reproduzir para ela as explicações que dei no meu projeto de pesquisa. Mas não é isso que a pergunta dela me faz perguntar a mim mesma. Só depois, já em casa, lembro do livro *O ofício de escrever*, de Éric Marty, que começa perguntando: "Por que Barthes?" O livro é a resposta dele. De pé no metrô, diante da Laura, penso em você. Digo a ela que é como um amor, evidente, mas difícil de explicar.

[...]

Além das referências aos livros de Roland Barthes, O império dos signos *e* Sade, Fourier, Loyola, *cito nas páginas anteriores os livros: de Claudia Amigo Pino,* Roland Barthes: a aventura do romance (7Letras, 2015); *de Lydia Davis,* The end of the story: a novel (Picador, 2004); *de Magali Nachtergael,* Les Mythologies individuelles: récit de soi et photographie au 20e siècle (Rodopi, 2012)*; de Tiphaine Samoyault,* Roland Barthes (Seuil, 2015); *e de Éric Marty,* Roland Barthes: le métier d'écrire (Seuil, 2006).

Uma outra função do banheiro: célula de leitura

Teodoro Rennó Assunção

"No cume daquela serra
tem um pé de laranjeira,
quanto mais ela floresce,
tanto mais o cume cheira."

"Galinha quando canta qué botá,
Moça bonita quando pinta qué casá,
Gente velha quando peida qué cagá!"

(exemplos populares de coprolalia citados por
Mário de Andrade em "A medicina dos excretos")

Quando, inspirado por *Le savon* (*O sabão*), de Francis Ponge, estava começando a escrever o ensaio depois limitado e denominado "O banho individual contemporâneo", lembrei-me fatalmente do título do livro *La salle de bain* (*O banheiro*), de Jean-Philippe Toussaint, que, provavelmente sem ter lido, liquidara (a primeira edição, de 1985, na tradicional capa branca com letras azuizinhas das Éditions de Minuit) no comecinho dos anos 1990 no saudoso e fracassado Sebo-Rei (de que eu era então sócio). Como foi impossível encontrar um exemplar, mesmo da tradução brasileira existente, nas livrarias de Belo Horizonte (só encontraria, por um feliz acaso, um exemplar do mais recente e também traduzido *A televisão* do mesmo romancista belga radicado em Paris), acabei por pedir uma edição de *poche* (a minha antiga não era de bolso, *hélas!*) num bem fornecido sebo francês pela internet. Mas minha decepção ao lê-lo correndo — em correspondência à avidez desordenada da minha curiosidade — foi grande, pois — diferentemente de *A televisão* (que continha algumas descrições detalhadas e gozosas de banhos públicos de piscina no verão berlinense) — *La salle de bain* tinha apenas uma única (excetuada uma menção no final) e brevíssima descrição de um banho não no apartamento do narrador, mas em um pequeno hotel em Veneza:

"As paredes do banheiro eram verde claro, a pintura gondolava em alguns lugares. Após ter fechado a porta à chave, tirei minha cueca, que dependurei na maçaneta. Tomei uma ducha na banheira, me sequei, reentrei em meu quarto tremelicando, a toalha sobre meus ombros." (sempre tradução minha aqui). O banheiro mesmo do apartamento parisiense do narrador (que, como é sabido, não inclui a privada, separada no pequeno cômodo chamado — no plural — *toilettes*) passa a ser usado — sobretudo a banheira onde ele se alonga comodamente — em funções que não são, a princípio, suas: como local de quieta meditação ou contemplação (ou, se quiserem, de mero e insubordinado existir) e de leitura (levando-o a mudar para lá uma parte de sua biblioteca). Eis como o livro começa: "1) Quando comecei a passar minhas tardes na sala de banho, eu não contava me instalar aí; não, eu passava aí horas agradáveis, meditando na banheira, às vezes vestido, outras vezes nu."

Curiosamente — como se faltasse aí ação suficiente para uma intriga qualquer se desdobrar (o que obviamente não passa de uma escolha ou disposição narrativa) —, o narrador só se detém nos dez primeiros parágrafos na descrição dos outros usos de estar possíveis da banheira e da sala de banho (basicamente, como local seco para se estar): conversar com Edmondsson (nome estranho de sua parceira e amante, com quem ele não faz amor tomando banho ou mesmo simplesmente na banheira), observar a sala de banho, olhar-se em um pequeno espelho e, paralelamente, olhar os deslocamentos do ponteiro do seu relógio ("mas meu rosto não deixava parecer nada"), ler, conversar com a mãe que (preocupada e lhe sugerindo fazer esporte e se divertir) lhe trouxe alguns doces, escutar duas vezes por semana a resenha radiofônica do dia do campeonato francês de futebol ("Embalado por quentes vozes humanas, eu escutava as reportagens com a luz apagada, às vezes com os olhos fechados"), ouvir as queixas profissionais de um amigo de seus pais que vai visitá-lo em um dia chuvoso, imaginar (também de olhos fechados) uma sobremesa (*la dame blanche*) composta por uma "bola de sorvete de baunilha sobre a qual se derrama uma cobertura de chocolate quente" e, deliciado com sua perfeição formal, quase adormecer, quando chega Edmondsson e lhe estende duas cartas, uma delas proveniente da embaixada da Áustria (o que ele então estranha e não compreende). Eis o que diz então o décimo parágrafo retomado tal qual no penúltimo capítulo do livro (como se admitindo — à maneira de *Un homme qui dort* de Georges Perec — a impossibilidade de uma inércia e um isolamento contínuos): "10)

Sentado sobre a borda da banheira, eu explicava a Edmondsson que não era talvez muito saudável, com vinte e sete anos, em breve com vinte e nove, viver mais ou menos recluso em uma banheira. Eu devia correr um risco, dizia eu com os olhos abaixados e acariciando o esmalte da banheira, o risco de comprometer a quietude de minha vida abstrata para. Eu não terminei minha frase." O décimo primeiro parágrafo, como o último, traz esta simples e enigmática solução: "No dia seguinte, saí da sala de banho."

Ora, mais do que a estranheza deslocada e a deriva desorientada do narrador (um pouco clichês em seu hoje algo previsível anti-heroísmo pós-moderno), o que me chamou muito parcialmente a atenção no conjunto da narrativa foi a mera enunciação da possibilidade de outros usos do (ou modos de estar no) banheiro (ou sala de banho), como a leitura, que me lembrava um uso análogo do banheiro brasileiro (incluindo privada e bidê) mas, sobretudo, quando das defecações ou cagadas diárias (ou quase). Este deslocamento ou superposição funcional do banheiro já havia me intrigado um pouco no local onde lera pela primeira vez *Espèces d'espaces*, de Georges Perec, (o banheiro do quarto de hóspedes do apartamento de minha mãe onde ficara hospedado por dois meses), levando-me mesmo a formular um projeto (tal como consignado em uma ficha fictícia no ensaio ficcional "Em busca do espaço privado") que jamais executei até hoje: "Projeto, sugerido exatamente por esta leitura, de descrição de um novo e híbrido espaço: o banheiro-biblioteca ou *studio* em que se converteu quase automaticamente o banheiro do quarto de hóspedes em que nestas férias de 'verão' eu estou hospedado."

Certamente, foi — a partir do já citado livro *Espèces d'espaces* — a percepção mais clara da definição dos cômodos de um apartamento segundo sua função o que me levou a formular então este projeto. Georges Perec estimula esta preocupação não somente a partir de uma definição primeira das funções e dos usos temporais cotidianos destes espaços assim reconhecíveis (de um apartamento), mas também a partir da dificuldade de imaginar o que não seria definido por este critério (ou por certos elementos comuns que os definem todos) como um cômodo que não servisse para nada ou — ideia mais fantástica — um cômodo sem portas nem janelas. Primeiramente: "A própria linguagem, me parece, se revelou inapta a descrever este nada, este vazio, como se não se pudesse falar senão do que é cheio, útil e funcional. Um espaço sem função. Não 'sem função precisa', mas precisamente sem função [...]." (sempre tradução minha aqui). "Como repelir as funções, repelir os ritmos, os hábitos, como repelir a necessidade?". Mas também: "[...] não são jamais senão umas espécies de cubos, digamos paralelepípedos retângulos; eles têm sempre ao menos uma porta e, ainda bastante frequentemente, uma janela; [...] são equipados de uma ou duas tomadas [...]." E ainda: "[...] pensei na vaga lembrança que eu tinha de um texto de Heissenbüttel no qual o narrador descobre um cômodo sem portas nem janelas [...]." No entanto, a atenção dedicada aos banheiros em *Espèces d'espaces* era relativamente pequena, sendo o cômodo escolhido no apartamento para uma descrição do quarto (a que acrescentaríamos, pela presença decisória da cama:) de dormir, não sendo o banheiro (ou sala de banho, já que os *toilettes* não são sequer citados) referido na agenda diária de uma família de classe média senão como espaço das abluções matinais, da lavagem das mãos (antes do jantar) e da escovação dos dentes à noite (antes de dormir).

Apenas em *La vie: mode d'emploi* (*A vida: modo de usar*), de Georges Perec, (construído como descrição romanesca de um imóvel) teremos uma descrição de um banho luxurioso de um casal trintão bem-sucedido que, dez anos antes, obrigado a viver com os pais da mulher, sofrera com as restrições impostas por sua mãe ao uso do banheiro ("A senhora Echard [...] caprichava nas sevícias e vexames, tais como cortar a água quente na hora em que Philippe ia fazer a barba"): "Estamos no banheiro. Piso e paredes azulejados de pastilhas hexagonais vitrificadas, de tom ocre amarelo. Um homem e uma mulher estão ajoelhados dentro da banheira cheia até a metade. Ambos devem ter cerca de trinta anos. O homem segura com ambas as mãos a cintura da mulher e chupa-lhe o seio esquerdo, enquanto ela, levemente arqueada, com a mão direita encerra o sexo do companheiro e com a outra acaricia a si própria." (*A vida: modo de usar*. Trad. Ivo Barroso).

Mas, indireta e quase involuntariamente, é ao pensar a cama — que precede o quarto de dormir — que Georges Perec faz em *Espèces d'espaces* algumas observações que, por analogia, interessam diretamente ao uso do banheiro brasileiro tal como o pensamos aqui, ou seja: como o uso privado da privada para cagar: "[...] a cama é um instrumento concebido para o repouso noturno de uma ou de duas pessoas, mas não mais. A cama é portanto o espaço individual por excelência, o espaço elementar do corpo (a cama-mônada), aquele que mesmo o homem mais cheio de dívidas tem o direito de conservar [...]." Ora, o que dizer então da privada (que define, na versão francesa, os *toilettes*) que, ainda mais radicalmente que a banheira ou a cama (que admitem ao menos o casal), não admite senão uma bunda cagadora a cada vez (e de preferência em um banheiro com as portas fechadas)? Ainda que nela a posição habitual seja a de sentado (e não a de repousadamente deitado como na cama), e que nela não se passe (como na cama) mais de um terço de uma vida humana, a privada (ou vaso sanitário) — mesmo não recebendo o qualificativo de "minha" como a cama — é de uso (sobretudo quando para a defecação) por excelência individual e, acrescentaríamos, não público, privado.

É certo que a presença — nas casas ou apartamentos — de privadas fixas (em porcelana e com tampas, a princípio, de madeira) com descarga d'água e uma conexão com o esgoto da cidade supõe não só o objeto e o aparelhamento hidráulico para seu funcionamento, como também um macrossistema urbano de esgotos projetado para colher, transportar e converter (em local afastado e conveniente) este material potencialmente infeccioso, o que, em uma cidade como Paris, por exemplo, tal como sugere a pesquisa de Roger-Henri Guerrand (cf. *Les lieux: histoire des commodités*, capítulos 7 e 9), só ocorrerá de modo mais disseminado no começo do século XX, a partir de um pouco antes da Primeira Guerra Mundial. Mas já no século XVII francês torna-se bem difundida, entre as classes mais abastadas, uma peça móvel em madeira (guardável no guarda-roupa do quarto) que lembra minimamente por seu desenho e função a privada (ou vaso sanitário): a "cadeira furada" (*chaise percée*) que contém por dentro uma bacia de faiança (ou prata) e às vezes — curioso conforto! — uma mesinha frontal permitindo ler e escrever durante o seu uso. Roger-Henri Guerrand lembra que Luís XIII já recebia sobre este trono, o que teria levado seu bufão (Marais) a lhe dizer um dia — numa inversão cômica dos hábitos tão esclarecedora quanto a proposta por Luis Buñuel no seu conhecido filme *O fantasma da liberdade*: "Há duas coisas em vossa ocupação a que eu não poderia me adaptar. — O que? — Comer sozinho e cagar em companhia." (Roger-Henri Guerrand, *Les lieux: histoire des commodités*, sempre tradução minha aqui). Saint-Simon conta que o duque Louis-Joseph de Vendôme também procedia assim: "Ele se levantava bem cedo no exército, se colocava sobre sua cadeira furada e aí fazia suas cartas e dava suas ordens da manhã. [...] Ele havia acostumado o exército a esta infâmia."

Se voltamos à privada fixa, uma outra possibilidade estranha — porque sem a compartimentação de um reservado (isto é: sem privacidade no caso da presença de um outro) — é a de uma pequena cabana de madeira sobre o promontório do cabo Martin, onde às vezes Le Corbusier se retirava: o espaço era restrito (3,66 m x 3,66 m = 13,40 m^2), mas um vaso sanitário de W. C. ocupava o centro do cômodo. Quando, em 1952, o fotógrafo Brassaï vai visitar aí o grande arquiteto, este lhe faz a seguinte confidência: "É um dos mais belos objetos que a indústria humana fabricou. Nele se revelam todas as curvas sensuais da divina face humana, mas sem suas imperfeições. Jamais os Gregos chegaram a um semelhante ápice em sua cultura. Ele me lembra um pouco, pelo movimento finamente desenhado de seus contornos, a *Vitória de Samotrácia.*" Ora, quanto à mera localização no espaço de uma morada, somos levados a pensar — a partir de comentários críticos do século XVI — que as latrinas, na tradição arquitetônica medieval (francesa), ocupavam também um lugar central e bem visível. Eis o que nos diz o médico Louys Guyons: "As latrinas estão sempre colocadas no mais eminente lugar da casa, o que devia ser o mais afastado, fora do nariz e dos olhos, imitando a natureza, que colocou em nossos corpos as partes onde se esvaziam as imundícies longe do nosso nariz e de nossos olhos."

O que pode nos surpreender e enojar um pouco (no plano dos hábitos e das práticas cotidianas) é que não somente a Idade Média, mas também o século XVII francês não tivessem um sentimento de pudor acentuado o bastante para inibir o exercício das funções excretórias em público. Alguns exemplos reunidos por Roger-Henri Guerrand são bem ilustrativos: "Furetière relata que o conde de Brancas, cavaleiro de honra de Ana da Áustria, deixou um dia a mão da rainha para ir urinar contra a tapeçaria. Henri IV, em 1606, proíbe de se fazer imundícies nos domínios do Louvre, sob pena de um quarto de escudo de multa. No mesmo dia, Mademoiselle d'Agre surpreendia o delfim [i.e. o filho primogênito do rei] no ato de se exonerar contra a parede do cômodo onde ele estava: 'Eh! Senhor, disse-lhe ela, eu vos peguei aí. Vós pagareis um quarto de escudo.' Ele enrubesceu e não soube o que dizer, reconhecendo ter contravindo às ordens do pai. [...] Bussy-Rabutin conta que as Madames de Sault, de la Trémouille e a marquesa de la Ferté, tendo ido à comédia, foram todas as três premidas por uma necessidade que elas satisfizeram no camarote onde se encontravam. Depois, importunadas pelo mau odor, elas pegaram seus excrementos e os jogaram na plateia. Os que aí se encontravam cumularam de injúrias as impudentes que foram obrigadas a se retirar."

Podemos supor que não apenas a ordinária ausência efetiva de banheiros (com privadas com descarga ligadas ao sistema de esgoto urbano), mas também — para o nosso padrão moral — uma certa falta de pudor (e de nojo) era o que tornava possíveis o mijar e/ou o cagar à vista de um outro. Analogamente, em nosso tempo (segunda metade do século XX e primeiras duas décadas do século XXI), não é apenas a presença ordinária de banheiros hidraulicamente aparelhados e que garantem objetivamente a higiene o que determina o hábito comum e "normal" de mijar e cagar de portas fechadas e em total privacidade, mas também o desenvolvimento esperável (em uma certa moral burguesa moderna e contemporânea) de uma repulsão pelos excrementos e de uma vergonha de mostrar-se nu no ato mesmo da excreção.

Freud, em uma nota de pé de página de 1920 no segundo ("A sexualidade infantil") dos hoje conhecidos *Três ensaios sobre a teoria da sexualidade*, sugere uma breve história da formação — no indivíduo — deste tão crucial sentimento de nojo: "Em um trabalho que enriqueceu de maneira extraordinária nossa compreensão do erotismo anal, Lou Andreas-Salomé (1916) demonstrou que a história do primeiro interdito que a criança encontra, a interdição de tirar prazer da atividade anal e de seus produtos, determina todo seu desenvolvimento. Nesta ocasião, o(a) menino(a) deve primeiramente ter a intuição da hostilidade do ambiente a suas moções pulsionais, aprender a distinguir seu próprio ser desta entidade estranha, e efetuar em seguida o primeiro recalque de suas possibilidades de prazer. O 'anal' permanece a partir daí o símbolo de tudo o que deve ser rejeitado e eliminado da existência. À separação nítida exigida mais tarde entre os processos anal e genital, se opõem suas estreitas analogias anatômicas e funcionais e suas relações recíprocas" (sempre a partir da tradução francesa de Philippe Koeppel. Sigmund Freud. "La sexualité infantile". In: *Trois essais sur la théorie sexuelle*).

Mas o próprio Freud propõe (então inovadoramente) que — antes de, na adolescência, focalizar a libido na genitália — a criança (ainda imatura para visar à reprodução) a fixa em zonas erógenas que são simultaneamente zonas corporais essenciais ao exercício de funções básicas para a manutenção da vida: a boca para a alimentação e o ânus para a excreção do que foi digerido. Freud descreve sem pudicícia o bizarro mecanismo — que lembra algo como um coito anal (passivo) em sentido inverso — deste autoerotismo anal infantil: "As crianças que recorrem à estimulabilidade erógena da zona anal se traem por reter suas fezes até que estas últimas suscitem, devido à sua acumulação, violentas contrações musculares e que elas estejam em condições, quando de sua passagem pelo ânus, de exercer uma forte estimulação sobre a mucosa. Assim fazendo, a sensação voluptuosa deve provavelmente surgir ao lado da dor." Mas, mesmo depois da genitalização da libido (cujo precursor analogamente estaria no prazer da micção), é possível, segundo Freud, que um adulto (neurótico) continue a obter algum prazer autônomo no ato da defecação: "A retenção das massas fecais, que, por consequência, responde inicialmente à intenção de usar delas como de uma estimulação quase masturbatória da zona anal ou de se servir delas na relação com a pessoa que toma conta da criança, é em suma uma das causas da constipação tão frequente entre os neuropatas. Toda a significação da zona anal se reflete enfim no fato de que não se encontra senão poucos neuróticos que não tenham suas práticas escatológicas particulares, suas cerimônias, etc., que eles mantêm cuidadosamente dissimuladas."

Mesmo após a defecação, contudo, é possível pensar em alguns prazeres eróticos derivados como o — escópico — da contemplação das próprias fezes (o que dizer então do estudo das formas das próprias fezes para fins divinatórios? Ver o conto "Copromancia", de Rubem Fonseca, e o posterior romance, nele inspirado, *Jonas, o copromanta,* de Patrícia Melo) ou aquele, mais inconfessável, da olfação da própria merda (análogo ao da olfação coprofílica do próprio peido) ou ainda o prazer meio masturbatório de tocar cuidadosamente com os dedos (com a mediação do papel higiênico ou com a adjunção da água) o próprio ânus no instante da "necessária" limpeza dos restos fecais. É curioso — em relação a isso — o que diz Freud em uma nota de pé de página de 1910, no primeiro dos *Três ensaios sobre a teoria da sexualidade* ("As aberrações sexuais"), quando de uma primeira apresentação do fetichismo: "A psicanálise preencheu uma das lacunas que subsistiam na compreensão do fetichismo sublinhando a importância, na escolha do fetiche, de um *prazer olfativo* coprofílico, que se perdeu em razão do recalque. O pé e os cabelos são objetos que exalam um forte odor, e que são elevados ao nível de fetiche após a renúncia à sensação olfativa tornada desprazerosa. Assim, na perversão correspondente ao fetichismo do pé, somente o pé sujo e fedorento é objeto sexual" (Sigmund Freud. "Les aberrations sexuelles". In: *Trois essais sur la théorie sexuelle*).

Como já antes anunciado, não é propriamente ao prazer erótico-anal da cagada que visa este breve ensaio, mas sim ao prazer (erótico apenas em sentido figurado) de uma atividade que pode acompanhar o cerimonial da cagada, com ela coincidindo em sua exigência de privacidade e solidão: a leitura. Sua função prática neste cerimonial pode ser (um pouco como era a do cigarro) simplesmente a de relaxar (e distrair) um pouco para que a bosta desça tranquila e sem muitos impedimentos. Mas, assim como nessa função a leitura pode se estender tanto mais quanto mais a bosta for retida (aumentando assim o prazer aliviante da excreção), ela pode também ser continuada indefinidamente (se para tanto houver alguma disponibilidade no dia) após a defecação, passando a constituir um outro e autônomo prazer, o qual se aproveita — para que possa persistir — do (em princípio) inquestionado direito à privacidade e o de não ser importunado de que goza aquele que no banheiro caga de portas fechadas (supondo-se obviamente — como é quase sempre o meu caso — uma vida em família ou em grupo quando de férias).

É preciso, porém, lembrar que o cerimonial diário da cagada tem, como hábito para cada um, ao menos um horário preferencial, como já bem o indicava Montaigne em seus autobiográficos ensaios: "Os reis e os filósofos cagam, e as damas também... eu direi isso desta ação: que é necessário fazê-la retornar em certas horas prescritas e noturnas e a isso se forçar por costume como eu fiz... em todas as ações naturais, é aquela de que eu sofro pior ordinariamente que me seja interrompida. Eu vi muitos militares incomodados com o desregramento de seu ventre; o meu e eu não falhamos jamais ao ponto de nosso marcado encontro, que é ao me levantar da cama, se alguma violenta ocupação ou doença não nos perturba" (*Essais*, III, 13, "De l'expérience"). Ora, no meu caso, quando não preciso sair cedinho para a Universidade (adiando habitualmente a cagada para depois das aulas ou outros eventuais afazeres), a minha hora preferida é quase invariavelmente após o café da manhã, sendo os intestinos estimulados, após o repouso de uma noite de sono, pelo excitante café negro seguido muitas vezes de um delicioso cigarro (hábito hoje já abandonado). E, sobretudo nos fins de semana, é comum que eu leve também para o banheiro o caderno de cultura de algum jornal brasileiro, efetivando então, segundo a famosa formulação de Hegel, minha oração do dia (vê-se aqui a referência a um jornal impresso em papel, que foi substituído pela versão digital em um celular). Apesar da inevitável variação do tempo gasto nestas minhas cagadas-leituras matinais, tornou-se comum (quando tenho uma mínima disponibilidade) estendê-las ao menos por meia hora ou quarenta minutos, ainda que possa eventualmente também estender um pouco uma menos habitual cagada vespertina ou noturna. Como um curioso hábito complementar, seria preciso lembrar que, preferencialmente (ou seja: não necessária ou exclusivamente), o repertório de leitura destas cagadas é uma literatura sem conexão direta com o trabalho acadêmico, isto é: um repertório (perversamente) diletante onde exerço o prazer de uma soberania caprichosa e insubordinada a qualquer finalidade prática imediata.

Um pequeno parêntese digressivo poderia ilustrar como, no meu banheiro (apesar da relativa falta de conforto da posição sentada sobre a privada, uma vez que não havia aí banheira nem outras cadeiras), eu constituí uma pequena ou microbiblioteca diletante que ficava sobre uma espécie de criado-mudo móvel (com três gavetas) cuja posição habitual era entre o bidê e a pia. Lembro-me agora de alguns títulos que — entre 2003 e 2005 — formavam um breve conjunto desordenado aleatório e sem critério outro senão a possibilidade de um prazer fácil e sem a demanda de uma grande concentração: os contos de *Velórios* de Rodrigo Melo Franco de Andrade (na terceira edição da José Olympio); os breves relatos e aforismos de *Crimes exemplares*, de Max Aub (na tradução de Vanderley Mendonça publicada pela Amanta Editorial); uma reunião de crônicas gastronômicas (reunidas por Patrícia Krauz) do (*hélas!*) desaparecido Apicius — *Confissões íntimas* (publicada em 1986 pela José Olympio); uma reunião de ensaios de Ricardo Piglia, *Crítica y ficción* (republicada em 2000 pela Seix Barral); uma reunião de crônicas e ensaios de Guillermo Cabrera Infante, *O* (republicada em 1998 pelo Fondo de Cultura Económica); as *Viagens na minha terra*, de Almeida Garrett (em uma bela e apetecível edição de 1946 da Tavares Martins); e um único romance, mas um policial folhetinesco, *O mistério da estrada de Sintra*, de Eça de Queirós e Ramalho Ortigão (em uma edição de bolso ordinária da Europa-América). No entanto, a partir de 2006, eu comecei a guardar nas duas últimas gavetas deste pequeno móvel (porque de exposição desaconselhável) algumas obras curiosas e de difícil acesso (um pequeno e venerável tesouro) que meu caridoso amigo parisiense Cláudio Beloso obteve para mim (a maior parte em caríssimas fotocópias) em algumas das grandes bibliotecas francesas (o único livro brasileiro aí presente era *Namoros com a medicina*, de Mário de Andrade, por causa do curioso "A medicina dos excretos"): a *Histoire de la merde*, de Dominique Laporte (1978); *Le Pétomane (1857-1945), sa vie, son œuvre*, de Jean Nohain e François Caradec (1967); a *Bibliotheca scatologica ou catalogue raisonné des livres traitant des vertus, faits et gestes du très noble et ingénieux Messire Luc (à rebours)* (1849); *Merdiana ou manuel des chieurs, suite de l'Almanach des Gourmands* (1803); *La chézomanie ou l'art de chier*, poème didactique en quatre chants par Ch. R. (1806); *L'histoire secrète du Prince Croquétron et de la Princesse Foirette*, de Margueritte de Lubet (de 1745, reimpresso em 1873); *Histoire et aventures de Milord Pet*, conte allégorique par Madame F. à la Haye (de 1755, reimpresso em 1879); *Discours sur la musique zéphyrienne adressée aux vénérables crépitophiles*, opuscule facétieux d'Emmanuel Marti (1873); *L'art de péter, essai théori-physique et méthodique à l'usage des personnes constipées, des personnes graves et austères, des dames mélancoliques et de tous ceux qui sont esclaves du préjugé*. En Westphalie, chez Florent Q, rue Pet-en-Gueule, 1776 (reimpresso em 1885). Escusado dizer quantas vezes mijei (cagar sendo um pouco mais difícil) de tanto rir (ainda bem que sentado na privada) ao ler estes opúsculos desopilantes.

Talvez seja útil agora lembrar também (ainda que rapidamente) que este hábito de leitura — que demanda (juntamente com a cagada) uma certa privacidade e solidão — se inscreve obviamente em uma tradição maior (no Ocidente) de um modo de leitura silencioso e solitário (o da chamada leitura ambrosiana), e não na daquele outro — comum entre gregos e romanos — de uma leitura em voz alta e para um grupo de pessoas reunidas (ver, por exemplo, para a Grécia Antiga, o livro de Jesper Svenbro, *Phrasikleia: anthropologie de la lecture en Grèce ancienne*). Reconhecido este pressuposto, seria possível também compreender melhor a superposição ou coincidência entre cagada e leitura se nos lembrássemos de uma frase latina citada ao fim de um pequeno bloco de prosa de Pascal Quignard: "Senhor de Pontchâteau tinha feito seu eremitério das Granjas de Port-Royal des Champs. Outrora Senhor de Pontchâteau tinha feito coleção de miniaturas — antes que ele se apaixonasse pelos livros. Desde o instante em que teve prazer em sua leitura, ele não viveu mais senão para eles. Ele tinha sempre na boca estas palavras que lera na *Imitação*: — *In omnibus requiem quaesivit et nusquam invenit nisi in angulo cum libro*. ('Procurei em todo o universo o repouso e não o encontrei em nenhum outro lugar senão em um canto com um livro.')" (Pascal Quignard. *Les ombres errantes*, sempre em tradução minha aqui). Em uma outra passagem deste mesmo livro, Pascal Quignard enfatiza a insólita solidão desta atividade (ou maneira de estar no mundo) por excelência comunicativa que é a leitura: "A humanidade deve mais à leitura do que às armas. Também na Índia. Também no Tibet. Também no Japão. Também na Islândia. Na China, a leitura do escrito funda mesmo a civilização. Quando todo o mundo tiver parado de ler, a literatura se tornará de novo prezada. Esta experiência recriará seus eremitérios tanto é verdade que nenhuma outra experiência humana rivaliza com ela. Experiência a mais dessocializante que seja. A mais anacorética. Ao ponto que sua história jamais transitou de país para país. Passou de monastério para monastério. Passou de monge para monge. Passou de *monos* a *solus*. De só a só."[1]

É, no entanto, em um outro capítulo deste livro (o XXV) que Pascal Quignard tem a audácia de afirmar uma inconfessável (porque em transgressora ruptura mesmo com os laços sociais mais elementares como os familiares ou os de amizade)[2] *felicidade solitária de leitor*, cujo pressuposto, possível apenas temporariamente no calendário anual, é o lazer (ou, mais propriamente, o ócio) mais largo e contínuo das férias de verão, felicidade esta que me lembrava — mas em uma ínfima escala — o que diariamente eu conseguia arrancar de leitura livre e diletante em minha pequena hora silenciosa (ou meia) de retiro pra uma cagada — hora esta sensivelmente alargada nos dez dias de praia (com a família) em que matinalmente, nesse verão, me trancava no banheiro (do quarto da pousada em Santo André) para ler extasiado a maravilhosa e terrível *Crônica da casa assassinada*, de Lúcio Cardoso. Eis o que diz o desabusado narrador deste livro (aqui recortado) de Pascal

....

1. Poderíamos também, como Walter Benjamin, em seu célebre ensaio "O narrador", pensar a solidão do leitor no largo quadro histórico mais recente (do estabelecimento planetário do capitalismo e da dominação burguesa) em que se experimenta o declínio da narrativa oral (que pressupõe o narrador e ao menos um ouvinte) e a ascensão do romance (que pressupõe a invenção e difusão da imprensa), transição em que se inscreve a perda da capacidade de comunicar a experiência, assim como a de dar conselhos. Walter Benjamin nos diz neste ensaio: "Quem escuta uma história está em companhia do narrador; mesmo quem a lê partilha dessa companhia. Mas o leitor de um romance é solitário. Mais solitário que qualquer outro leitor (pois mesmo quem lê um poema está disposto a declamá-lo em voz alta para um ouvinte ocasional)." ("O narrador". In: *Obras escolhidas I*. Trad. Sérgio Paulo Rouanet). Ora, uma consulta à primeira parte da lista de minha pequena biblioteca de banheiro revelaria que o romance não é aí o gênero mais frequente, pois ele supõe uma disponibilidade de tempo e uma continuidade de leitura que mesmo o tempo alargado de uma boa cagada jamais poderia proporcionar, enquanto gêneros mais breves, como o conto, a crônica (na tradição brasileira) e o ensaio, permitem — no cotidiano corrido e compartimentado de períodos de trabalho — eventualmente uma leitura integral ou que se completará já de uma próxima vez. Isso, porém, não impede que, em períodos de férias ou feriados maiores, a leitura mais contínua de um romance possa ser tentada não só, mas também no banheiro quando de cagadas bem folgadas.

2. "A recusa do pertencimento social foi condenável aos olhos de todos os grupos humanos. [...] Homero dizia: Um indivíduo *ápolis* é uma guerra civil. O velho aedo quer dizer com isso que todo homem sem cidade é um grão de guerra civil. Heródoto escreveu: Nenhum indivíduo humano isolado pode se bastar. [...] A Bíblia diz: Desgraça ao homem só! Um homem só é um homem morto. Mas isso é falso. É sempre o que a sociedade diz. [...] Todos os mitos declaram em toda a parte sobre a terra: não há amor feliz, a fim de preservar as trocas de clã a clã e as alianças genealógicas. Mas isso é falso. Pois houve amantes interditos que conheceram a felicidade. Pois houve homens sós, eremitas, errantes, periféricos, xamãs, centrífugos, solitários que foram os mais felizes dos seres." (Pascal Quignard. *Les ombres errantes*).

Quignard: "No mês de agosto de 1999 desembarquei seis caixas de Épineuil sobre a margem do Youne e dois sacos postais de juta cinzenta que estavam repletos de livros. Eu os arrastei sobre a grama. O verão começava bem. Era preciso esperar que não se visse ninguém. Nem um homem, nem uma criança. Nem mesmo as vespas. [...] Não havia um avião que atravessasse o céu. Nem o menor som de transístor que o ar transportasse. Nem uma lembrança de motor de trator. Nem um cortador de grama. [...] Nem um cão. Nem um baile. Nem a menor afetação de alegria à minha volta que me desse o desejo de me suicidar interrompendo todo o resto. A felicidade crescia. Eu lia. A felicidade me devorava. Eu li durante todo o verão. A felicidade me devorou durante todo o verão."

Mas, na passagem de Pascal Quignard acima citada, o narrador nem qualifica diretamente a felicidade e nem define o repertório de leitura que é a sua causa. Como há pouco sugeri, minha felicidade de leitor cagante é uma espécie de "felicidade clandestina" não apenas porque solitária e secreta, mas também porque tenho como objeto preferencial livros vários e diversos (em cujo caos inumerável e proliferante me delicio quase até o pânico) que não fazem parte do meu domínio acadêmico de estudos. Ela é, assim, um *divertissement* desviante, cuja não evidente meta é apenas perder-se radicalmente em uma inaudita multiplicidade de temas e autores da literatura moderna ocidental ou de base europeia. O seu modo, portanto, é o da errância de quem não sabe muito bem (ainda que esteja relendo) o que irá encontrar. Ela de algum modo assume em todas suas consequências o que diz Pascal Quignard em um capítulo (o XV, intitulado "L'ombre") sobre o *Em louvor da sombra* de Junichiro Tanizaki: "*Há em ler uma espera que não procura chegar a um fim. Ler é errar. A leitura é errância.*" (sublinhados meus).[3] Isso, no entanto,

....

3. Seria útil, como contraponto, citar aqui uma passagem deste livro em que Tanizaki descreve uma antiga latrina japonesa (sombria e externa à casa) e o delicado prazer contemplativo quando de seu uso: "*Zashiki*, as salas de estar japonesas, são belas, não há dúvida, mas na minha opinião as latrinas oferecem paz de espírito aos usuários. Construída invariavelmente longe do corpo da casa, à sombra de arbustos e em meio à folhagem e ao musgo de verde fragrância, a ela se chega transpondo corredores, quando então, acocorado em meio à baça claridade refletida pelo *shoji*, considero simplesmente indescritível a sensação de contemplar o jardim pela janela e me perder em pensamentos. Segundo dizem, o escritor Soseki Natsume contava as idas matinais ao banheiro entre os prazeres de sua vida, e delas auferia êxtase fisiológico. E para experimentar tal êxtase não há em minha opinião lugar mais adequado que uma latrina em estilo japonês, onde, cercado por sóbrias paredes de madeira de requintado veio, pode-se contemplar tanto o céu azul como o verdejante frescor das plantas. Além disso, volto a dizer, é imprescindível que o ambiente seja sombrio e absolutamente limpo, e esteja imerso em silêncio tão profundo que torne audível até o fino zumbido de

não impede — mas é, antes, sua paradoxal condição — a futura formalização escrita (ou literária) de um ponto de vista investigativo sobre, por exemplo, um tema ordinário da minha vida cotidiana (como é o caso do presente ensaio) a partir da mobilização, sempre precária e não exaustiva, de autores que informam e esclarecem, mas também dão o prazer, não negligenciável, de um discurso bem construído em sua língua.[4]

Talvez fosse fecundo pensar – ainda uma última vez com Pascal Quignard (de quem me aproprio pelo recorte, colagem e, sobretudo, italicização pessoal) – o sagrado e a arte (a que, no domínio da escrita, este ensaio também aspira) em conexão com a sujeira (objeto também deste ensaio, na figura básica dos excrementos humanos), para reivindicar assim lucidamente como elementos constitutivos deste algo sujo ensaio (que, com uma longa e arranjada citação, agora se conclui subitamente) *o hibridismo,*

....

um pernilongo. [...] Com efeito, são lugares propícios para se ouvir o cricrilar de grilos e o gorjeio de pássaros, propícios também para apreciar o luar: neles se sente com penetrante intensidade a passagem das estações e a transitoriedade das coisas terrenas, neles provavelmente poetas de antanho vislumbraram temas para seus haicais" (Junichiro Tanizaki. *Em louvor da sombra.* Trad. Leiko Gotoda).

4. Em uma espécie de breve "autobiografia imaginária" (da infância e juventude) — em que é figurado na terceira pessoa como "José" —, Rubem Fonseca expõe a constituição de um hábito (ou mesmo um vício) que é a esperável base fundamental da atividade do escritor: *a leitura.* O que, no entanto, mais me chamou a atenção neste relato de um leitor contumaz foi não tanto sua voracidade onívora (com a qual poderia também me identificar) quanto seu decisivo *amor pela língua portuguesa* (na qual também estou escrevendo este ensaio, onde autores de língua francesa, como Jean-Philippe Toussaint, Georges Perec e Pascal Quignard, aparecem sempre nela traduzidos por mim). Eis um breve e ilustrativo recorte desta história ("José — uma história em cinco capítulos"): "*Como José lia tudo que lhe aparecia na frente,* em determinado momento, além dos romances franceses de capa e espada, devorou os livros de autores portugueses que tinham em casa — Camões, Eça, Antero, Guerra Junqueiro, Fernão Mendes Pinto (*Peregrinação,* lido já adulto, lhe deu mais prazer), Albino Forjaz Sampaio, Feliciano de Castilho, Júlio Dantas, Gil Vicente, Camilo Castelo Branco, Júlio Diniz e muitos outros [...]". "Na Biblioteca Nacional, [...] principalmente as estantes cheias de livros causavam em José um grande enlevo — ele podia satisfazer *o seu vício, a leitura,* que então já era *incurável* e do qual nunca conseguiu se livrar, tendo se tornado ainda mais exacerbado com a idade. José descobrira, também, que era fácil ler em pé nas livrarias os novos lançamentos que ainda não tinham sido catalogados pela Biblioteca Nacional. [...] Mas ler, agora, começava a lhe proporcionar uma incipiente compreensão das coisas e de si mesmo, lhe dava um prazer diferente, pois *lia os autores que escreviam sobre o seu país, originalmente na sua língua, que em riqueza e beleza não perde para nenhuma outra.*" "*A literatura feita em Portugal* também teve uma participação importante nessa época em que, *junto com o amor à literatura, cresceu o seu amor pela língua portuguesa,* e poderia citar *dezenas de notáveis autores lusitanos, de história, ficção e poesia,* que o marcaram e provocaram nele grande enlevo e admiração" (Rubem Fonseca. "José — uma história em cinco capítulos". In: *O romance morreu.* Os itálicos — que aqui também sublinham uma identificação — são meus e não do autor).

a não classificabilidade, a marginalidade e *o deslocamento*: "O sagrado, o sujo, o que pode conspurcar, o que se deve colocar à parte (ou retirar da vista) são mal distintos. O sagrado jamais foi tão onipotente quanto nas sociedades modernas. Jamais foram a tal ponto separados os cadáveres, o mênstruo, os cuspes, os catarros, a urina, as fezes, os arrotos, as crostas, a poeira, a lama. Nós somos todos sacerdotes maníacos em nossas cozinhas. Nós somos tiranos loucos em nossos banheiros. É difícil dissociar as noções de higiene, de moral, de sacrifício, de pensamento, de racismo, de guerra. Nós espiamos o outro, *o não classificado social ou sensorial, o parasita,* o rato, a saliva, *o marginal, os habitantes dos interstícios* [...], *os universitários autodidatas,* os mamíferos peixes, os judeus cristãos, as mães celibatárias, a água não potável, os habitantes das fronteiras quer se trate dos territórios dos países ou dos corpos, o esperma, os alfinetes, as lascas de unha, o suor, a baba, os fantasmas, as fobias, as alucinações [...]. *A arte é uma produção parasitária. Aquele que faz surgir o que até ele não existia pertence ao reino do inapropriado.* Ele não está em seu lugar. *É a definição mesma da sujeira: alguma coisa não está em seu lugar.*" (Pascal Quignard. *Les ombres errantes.* Os itálicos — que, como já anunciado, sublinham uma identificação — são meus e não do autor).

Retrato de Arnaldo Calveyra em sete tempos

Matías Serra Bradford
Tradução de Carlito Azevedo

I

Vi Arnaldo Calveyra comportar-se como uma criança em uma igreja de Paris, juntando as mãos em sinal de oração — diluindo nesse gesto, com uma graça pré-socrática, o limite entre picardia e reverência —, dando passos lentos, longos, girando para encarar fixamente o suposto cúmplice, responsável por abandonar ou não esse ponto de milagrosa ambiguidade. O método, nada inocente, de um mestre zen: bancar o sonso. A brincadeira como ato reflexo, a desorientação intencional. Destrezas que exercitava à mancheia em suas entrevistas: fugia da pergunta, distraía, desviava, respondia *outra coisa.*

Numa ocasião, descreveu para mim os hábitos noturnos de um companheiro de quarto numa clínica: "Um ronco como nunca tinha ouvido, como um motor que ele punha em ação, era um homo faber, de noite não descansava, se ocupava, eram ruídos contraditórios, um sinal ético de sua infância, uma peça de teatro, não se pode saber, como se estivesse caindo alguma coisa do teto." Outro exemplo do empenho do autor de *Cartas para que a alegria* e *Diário de Eleusis* para inverter o sinal do grave ou solene.

Talvez por isso, recorreu a gêneros dóceis, anacrônicos e caritativos, como o epistolar e o diário íntimo, e, quase sem querer, terminou refundando-os: "Os diários de escritores me encantam. Me interessa o banal, como preparam o café da manhã, etc. O geral não. Quando um escritor começa em seu diário a mudar o mundo me interessa menos. Na correspondência de Flaubert há ideias gerais e a banalidade total, elevar e descer, o alto e o baixo, como se diz literariamente. Vai de como escreve seus romances até como entra em um prostíbulo. Também gosto dos diários de Paul Léautaud, outro ranzinza."

Pode ser que os poetas — como os diaristas, maleáveis às flutuações do dia que os transporta — envelheçam melhor que os narradores. Graças a uma maneira mais oriental de parar o tempo, de economizar e dissipar a vontade — não encontro outra explicação, em uma obra de passo lerdo e descontínuo, para a estupenda fertilidade de Calveyra nesses últimos anos —, de não sair corrigindo o outro, de compactuar com o mal-entendido.

Como aquela vez em que um desconhecido na rua lhe ofereceu dinheiro pensando se tratar de um mendigo, e ele preferiu não esclarecer nada, agradeceu e guardou o dinheiro no bolso.

II

Ninguém esperava os poemas de Arnaldo Calveyra. Ninguém esperava tampouco, não nos iludamos, os quadros de Giorgio Morandi. Certas reviravoltas do mundo fizeram o impossível para que esses quadros não existissem, para que esses poemas nunca vissem a luz. A realidade é escrupulosamente perversa para distribuir obstáculos com a finalidade de perturbar os tempos naturais daquilo que o cinema chama de realização. Hoje, em compensação, a arte de Morandi e a poesia de Calveyra criam sua própria demanda. (E talvez seja este, indiscretamente, o lugar para dizer que o contexto em que foi possível a obra de Calveyra se deve, em não pequena medida, à astúcia metódica de uma professora de economia com sensibilidade mediterrânea, sua mulher Monique Tur).

E, contudo — este "e contudo" levou mais de 60 anos acumulando milhas —, aí está o livro, todos os livros que compareceram aos encontros: as duas edições de sua *Poesia reunida*. Antes e por tanto tempo soberbamente desnecessários, agora possuidores de um valor mais e mais incalculável (daí que provoquem riso as cifras pagas por um quadro, os adiantamentos que um editor pode pagar a um poeta).

Falemos o óbvio. O tamanho, a forma e o aspecto de um livro determinam uma parte não menor da relação que esse livro vai estabelecer com um leitor. Com seus olhos de agrimensor oriundo de uma remota província tcheca, Calveyra foi previdente nesse sentido e não desperdiçou adjetivos qualificativos nem páginas de descortesia (outro exemplo do bom manejo da economia doméstica); e estas edições, que cabem em uma mão, foram fiéis a esse espírito e foram prudentes com o risco de dissecar um itinerário de mais de meio século.

Poesia reunida é um título a que se recorre em caso de recatadíssima resignação. Afinal, como intitular um livro que é um e outro e outro e outro e outro? Os exemplos vizinhos, próximos, são um tanto intimidantes: *Mahabharata, Upanishads, Popol Vuh*... Como personagens fugidas desses livros consanguíneos, diga-se de passagem, as linhas de Arnaldo Calveyra sempre caem de pé ante o mistério menos inútil.

A qualidade de seus livros não foi aumentando. Esteve ali desde a origem, um dom repentino e definitivo. O definitivo parece sugerir a ideia de inalterável. Nada mais longe disto que a leveza — a prontidão — de um poeta que escreveu teatro, de um poeta com ânimo de ensaiar, de lançar a palavra numa cena prolífica em espaços em branco. Mas com Calveyra tampouco convém deixar-se enganar por seu ar serpenteante, tentador: é um pulso firme o que tripula o conto (e de contos também se trata). Com efeito, acudiu, mais de uma vez, à docilidade tipográfica da prosa — como se traduzisse em prosa um poema prévio que nunca conheceremos — para desdobrar a curva plena de sua arte: só ao chegar aos inéditos agrupados no final do livro é que, pela primeira vez, nos encontramos cara a cara com poemas "desenhados" ao modo clássico.

São muitos os matizes, as modalidades que tornam Calveyra um caso único (entre outras coisas, porque o que melhor faz é captar ou propor momentos únicos). Quão conveniente seria nos ausentarmos para dar lugar aos advérbios insubordinados de Arnaldo Calveyra: "primeiramente luz, e em seguida / pedra". Para ouvi-lo forçar uma torção de pessoa, de tempo: "tão tranquilo esse tordo / que me procuras".

Quão apropriado seria sair de cena para testemunhar sua montagem de objetos e tempo: "pedra entre duas tardes". Demorarmo-nos em seu uso entomológico do diminutivo: "na tardezinha, a tardezinha e eu éramos uma literatura". Ou ver quão longe leva esse animismo tão seu de amanuense sânscrito: "aquela casa retornando das chuvas". Ou nos apagarmos para corroborar sua mestria na hora de empunhar as vertigens de uma elipse, o que consegue no terreno da sinestesia, da estranha concordância: "cada menino ia pela calçada / com sua janela de homem".

Como bom professor, terá a deferência de nos fazer crer que nada disso é inteiramente certo. Tão peregrina é sua disciplina sintática, como o ar de prova corrigida que consegue imprimir a suas linhas. Sua divisa parece ser: matemos a sintaxe e que pareça um erro. Toda a poesia de Calveyra, minuciosa como é tecnicamente, desafia a ideia de errata com que chega ao leitor desprevenido. Em outras palavras, inicia no leitor a caridade da atenção.

A infalível perícia técnica — um programa de educação cívica — faz pensar que a de Calveyra é poesia de antes: quer dizer, que respira, que se escreve de um respiro, que se lê respirando. Nesse limbo de tempo completo, pulsa a inteligência como sentido supremo, e cada passo se submete ao ditado do piamente inapelável. O leitor, cortejado, se sente escrito. O que lê é o diário da vida que não levou.

Em 14 de junho de 1961, o mesmo ano em que Calveyra, em Paris, decidiu permanecer na França, Michel Leiris escreveu em seu diário: "Difícil suportar a defasagem que constato entre minha vida, que me parece terminada, e meu trabalho, que não está." Sem suspeitar disso, a clarividência de Leiris estava traçando o antes e o depois na obra do recém-chegado: pouco escreveu Calveyra que tenha conexão direta com o que ocorreu depois de 1961. Sua tarefa quase única foi a de escavar, como ele próprio avisa em "a infância para sempre justa".

Em algum outro lugar, Calveyra aponta: "você calça botas de sete léguas, assim vestido passeia iluminando uma vela pelos jardins do ocidente, comovido ser e sul de todas as coisas, iluminado por um sonho vagueia por campos da vastidão de outubro, jardins do tamanho do polegar, oh, criança, segue de frio em frio!". E o leitor — uma coruja mal treinada que finge concentração — se pergunta: "Em que cabeça cabe? Que passos foram necessários na humanidade para que um exemplar de nossa espécie chegasse a redigir esses versos? Que falha geológica estamos esperando para que a neurologia absorva a poesia em seu perímetro?" Oliver Sacks era amigo de Auden, é certo, mas, como Calveyra, Auden só perdia a cabeça para perseguir um indício, um roçar, e as suas não eram pantufas de interno.

Quem precisa de 100 anos para ver que, naquela noite de 2008 em que leu e dispersou passagens de sua poesia reunida em uma livraria de Palermo, em Buenos Aires, Calveyra já estava com Montale, com Séferis, com Michaux, e é considerável, mas não complacente, esse elenco de bondosos credores... "Cem anos depois / ouvindo / os passos de meu pai /

nesta ruazinha de Paris", escreveu Calveyra enquanto um juiz de primeira instância tirava sua peruca do cabideiro.

É curioso como funcionam os dispositivos do reconhecimento em distintas línguas; é curioso que esperemos que funcionem, em pequena ou grande escala. Há algo na ineficiência dos mecanismos de reconhecimento que denuncia sua puerilidade. O reconhecimento, em todo caso, nasce e morre no estilo. Sobra com o estilo fundado. Produz, então, uma rara emoção pensar que um estilo e seu livro levaram uma vida, e que esse livro e essa vida seguirão se falando em bons termos: "Levantarão as três camadas de silêncio / e se verá o campo, o campo, o campo."

III

Diário de Eleusis se ordena em fragmentos concatenados, quase pré-socráticos de tão breves e misteriosos: "silêncios que passeiam pelas possessões de uma alma, setas de nomes em busca de nome único". É o que Maurice Blanchot, a propósito de René Char e os oráculos, chamaria de nascimento da filosofia no poema. O que alega Blanchot poderia aplicar-se a Calveyra sem que a ninguém trema a mão: "força àquele que escuta distanciando-se de seu presente para chegar a si mesmo como ao que ainda não é".

Há sempre um narrador na poesia de Calveyra, e os seus — como os de Blanchot, os de Beckett — são cronistas de peça, monges à paisana, entre quatro paredes e uma janela: "tardezinha e nós escondidos em sua luz, em sua luz transformados, em luz desmesurados". Já dizia a sublime e secreta italiana Cristina Campo, "tudo o que Calveyra toca, ele transforma em felicidade".

De visita a Buenos Aires em 2006 para lançar *Diário de Eleusis*, certa manhã gravamos, no café St. Moritz, uma conversa sobre seu trabalho, suas leituras e sobre aquilo que chama "dar outra possibilidade ao mundo".

Em que família de poetas gostaria de se ver?
Para responder de imediato e mal, teria de pensar em alguém como René Char ou no último Paul Celan, essa precipitação das palavras, essa dobra que penetra as palavras me fascina. Mas, ao mesmo tempo, dentro disso, necessito de uma janelinha pela qual se veja algo completamente cotidiano. Me encontro com os que realizam a transposição poética e, ao mesmo tempo, te contam alguma coisa, mesmo que seja uma banalidade estupenda.

Tecnicamente falando, que leituras foram decisivas?
Os Cadernos de Malte Laurids Brigge, de Rilke, por exemplo. Rilke tem cuidado com os adjetivos, não se deixa ultrapassar pela adjetivação, como quando uma criança submete outra porque é mais forte. Outro livro que me fascinou é *O túmulo sem sossego*, de Cyril Connolly. Essa nostalgia visceral do paraíso, e como encara a literatura, com o pouco que tem, porque sempre é pouco o que se tem, sem grandiloquência alguma, zero de grandiloquência, e o que aparece é um mapa de estrelas.

Poder-se-ia dizer, com um alto grau de obviedade, que *Diário de Eleusis* é seu livro grego. O que significa para você a Grécia, que visitou mais de uma vez?
É um começo, não "o" começo, um começo para a claridade do espírito. O que fez essa gente foi abrir o mundo com a cabeça: uma estátua de Fídias te esclarece as coisas por um século. Esses jovenzinhos do século VI antes de Cristo — chamados *kouros* —, que estão em um museu atrás do Partenon, valem por séculos de história da arte. Aprendemos com eles como se fossem professores. São lições para aprender a escrever. Esse lugar foi feito para que o mundo seja claro, para não perder tempo. Na Grécia ocorreu uma coisa que está aí, de modo que com ruínas ou sem ruínas, estão dando aula, simplificam o trabalho de pensar. A literatura se vê no espaço, na ação, os textos estão na natureza.

Em *Milharal do gregoriano*, obra iniciada em uma abadia, o narrador se define como "o anacoreta autor deste livro". O que o atrai no monástico?
A meditação. Afastamento, não sei se para trás ou para diante. Que alguém se ponha à parte para meditar a vida, para mastigá-la. Não sei se como herbívoros, os monges geralmente são (risos)... gente que se põe à parte para ver, para dar outra possibilidade ao mundo.

O movimento — o voo, uns passos — é um motivo muito presente em sua obra. O que significa sair para caminhar, para você que tanto caminha pelos parques de Paris?
Extremando a imagem, de um passo a outro há algo que não se conhece. Também existe a ideia de medida: o pé. É um mistério poder caminhar, mover-se de um lado a outro. E há uma ideia de perigo implícita em tudo

isso. Entrar em um parque é penetrar uma outra esfera, sair do que sou e me pôr a conversar com uma árvore, pássaros, água... não há tantas possibilidades de nos transformarmos no imediato, os dias são como que conhecidos de antemão. Busco em que medida se pode transformar esse dia, que haja algo nesse dia que seja de outro planeta, de outro mundo que te visita, que tenha a graça de uma visita, entrar em outra dimensão.

Depois de tantos anos de escrita, do que é que se sente mais próximo e mais distante?
Penso que me aproximei de um centro cujo nome desconheço. Do que me afastei não sei, porque para me aproximar desse centro tive que deixar muitas coisas de lado. Em todo caso, não me empobrece afastar-me. E esse centro está cheio de possibilidade, curiosidade, perspectiva, energia. Me aproximo, me aproximo, isso é evidente.

IV

Um conto da natureza em que tudo acontece ao mesmo tempo, tudo acontece a um olho. Um livro do oeste: "toda a tarde a casa esteve suportando bússolas". Um livro dos Irmãos Grimm sobre sua mãe. Um *Livro dos Mortos* que é o antônimo de um réquiem. Teríamos de buscar outra aproximação entre os gregos, porque Calveyra, que nasceu em Entre Ríos em 1929 e morreu em Paris em 2015, parece ter fundado uma Mesopotâmia com ares mediterrâneos. Ou sair para fazer um filme, apesar de que "a água não tem imagens, os cavalos não imaginam", montada de modo que faça as vezes de crítica. Em poesia, não existe o filme do livro, mas um filme irrealizável como crítica imaginária.

O narrador do *livro das mariposas* recebe uma notícia, um telegrama, e, a partir desse instante, tudo se põe em movimento: ele se faz de morto — como um animal, para se salvar — e põe a funcionar um teatro sonhado. Sucedem-se cenas que suspendem pontes entre tempo e lugar, saltos de páginas, de parágrafo, de grilo. Em uma espécie — afortunados leitores — de animismo de quintal, uma criança opera as ações — títeres de ar estas mariposas? — e dá ordens a plantas e animais para que retornem certas modulações, certos pássaros, certas pedras.

Enquanto se ouve o "lobo triste, enfermo do eco mais o eco mais o eco", o espaço de suas sensações monta um cenário sob a intempérie e se restabelece a confiança no dia. A infância um cinto de onde um mágico tira um sem-fim de coisas. Ou, dito de outro modo, com uma infância se tem o bastante para várias vidas. Calveyra vai contando, e as folhas passam preguiçosamente pela mão de alguém com um sentido muito íntimo da oscilação de um conto, suas costas, recantos, suas artes da fuga. Até se pode chegar adormecido ao livro — criança no banco de trás —; de todas as maneiras só ele nos irá despertar. "Corri ao lugar de onde voaram esses pássaros, dali retorno, desse lugar vazio entre as mãos."

Cada momento encontra uma voz. A entonação não fraqueja, vai criando seu leitor, o que não existia antes de abrir este livro, e agora assume, encantado, a responsabilidade de fazer chegar o texto a outra margem. Calveyra nos põe sempre em contato com outros bens, outros elementos: "Se pudesse sair de meu nome, entrar no trevo com sua oferta de ímãs..." Uma precisão assombrosa, uma ressonante coerência interior e uma sutil simplicidade, uma lâmina bem afiada que produz cortes imprevisíveis.

Em estado de tentativa e com pródigo ar nas páginas — abrem-se janelas depois da morte de um ser querido — para que o leitor leve "outonos de acumular imagens na margem de um caderno". A essa altura, revoluteiam os traços soltos do oral e cada palavra se rodeia de outras que elege cuidadosamente, como quem elege amizades. Talvez porque, segundo Brodsky, um morto é "o ouvinte supremo", o leitor ideal, talvez porque a morte é um teste infalível da elegância de um poeta.

O certo é que só uma delicadeza indestrutível pode soprar o pó dos dedos para que tudo volte a recomeçar. Sempre é uma primeira leitura com Calveyra, "o primeiro pêssego com nuvem deste ano", enquanto o narrador de seu poema — filho e criança, um pé em cada estribo — balbucia aos ouvidos sujos das palavras. Não são versos, são frases intactas — "mariposas negras no lugar do nome" — que vão pousando.

Em suas horas livres, Nabokov caçava mariposas (tinha sido goleiro). Por outro lado, Calveyra atua como o professor de *go* de Kawabata, brinca de observar, espreita, sigiloso, o movimento de um voo e, na terra, busca a melhor posição das pedras em uma mesa ("mas as pedras negras viraram a alma e são de prata"). A posição das pedras, a ordem das palavras. Outro texto do Oriente se avizinha: *Crônica de minha mãe*, de Yasushi Inoué. Com a morte rondando, ali como no *Livro das mariposas* volta o jogo, um estado infantil na velhice — a improdutividade da velhice, a improdutividade invencível da infância, às quais vêm somar-se aqui a improdutividade do campo: uma prodigiosa economia de linguagem.

As alusões não pretendem ser arbitrárias. A de Calveyra é sintaxe de samurai (mas um samurai entre tantas mulheres, então isabelino?): "Os cães latiam para Deus de tão visível"; "As pedras correm interrompendo mãos". O campo, sentido assim, pode matar de tristeza. Daí a redenção dos jogos. Daí que deixe escapar seus filhos naturais, sob palavra, para que lhe dediquem todos seus anos de trabalho, porque a esse luxuoso desconsolo os fugitivos devem o que são.

Em cada uma de suas obras, o autor de *O homem do Luxemburgo* rastreia uma trama, percorre-a até esgotá-la, e não há evolução em sua obra como não há de Virgilio a Piñera. O gênero que os livros de Calveyra inventaram parece nascido de uma pergunta: onde termina o poema e onde começa a fábula? E um detalhe finíssimo depois do ponto final deixa claro que se trata de livros inteiros, que começam e terminam: "Que quando alguém diga viagem eu reencontre o querido caracol que me puseste daquela vez entre as mãos." Com livros assim o que se ilumina é o leitor. A mesa onde lê é centro de olhares como se houvesse derramado um perfume muito intenso.

Há, no poeta do poema, um profundo entendimento — entendimento como "faculdade sensual", como queria Coleridge — da origem da luz da poesia, uma percepção única do ritmo, da forma, do tempo e dos mistérios de uma vida. Com esses silêncios que secretam a nobreza de um caráter — "silêncio de página" —, Calveyra elude a ocorrência do escocês W. S. Graham e não "caminha com uma bengala branca entre as palavras".

Arnaldo Calveyra, que também foi goleiro de um time de seu Entre Ríos natal — "sem nada que defender em meu lugar entre duas pedras" —, viveu distraído para "ouvir a resposta com o ouvido sobre a terra do campo". Para resolver o koan zen de como escutar o aplauso de uma só mão: ao fechar suas asas, o livro se aplaude sozinho.

V

No começo do século XX, o naturalista Guillermo Enrique Hudson, ou William Henry Hudson, se sentou para reconstruir sua infância no campo argentino a partir de dois escritórios ingleses, um na Cornualha e outro em Londres, e essa exploração à distância terminou em *Longe e há muito tempo*, um dos clássicos mais vitais entre os que perduram. No final do mesmo século, o poeta Arnaldo Calveyra decidiu reler esse livro, comentá-lo por escrito, e, de passagem, relembrar sua infância entrerriana de longe, no tempo e no espaço, a partir do quarto em que trabalhou em Paris por décadas. O resultado dessa aventura íntima — *Lá no verde Hudson* — é um delicado exercício de contraponto, de duas infâncias paralelas, a de Hudson e a de Calveyra, "falando-se como árvores que conversam na entrada de uma casa". A conversa de dois companheiros de uma mesma escola — a natureza — parece um truque de mágica que só o tempo pode criar no campo. É o mesmo truque que converte poeta e naturalista em termos intercambiáveis.

Chegados em certo ponto, os dois trocaram de língua. Hudson se mudou para a Inglaterra aos trinta e três anos e voltou a seu inglês pré-natal — nasceu em Quilmes, filho de pais norte-americanos —; Calveyra viajou para a França aos trinta e dois e ali criou um castelhano que falou — melhor dizendo, escreveu —, só ele, levemente anacrônico, de sintaxe não euclidiana, incandescente: "árvore de sombra inclinada e sem margem, vais passando com a água e me detenho, rio a minha vez que passa, árvore passando".

A releitura de *Longe*... revela um Calveyra com algo de exegeta religioso e embarcado, ao mesmo tempo, num gesto moderno (se pensarmos nas leituras devotas, em voz alta, de certos filmes de Straub e Huillet). Enquanto, nas imagens de Hudson, "renascem diante de nós ocasiões únicas de vida", Calveyra induz no leitor um estado de levitação de que desperta de súbito, com a chegada de cada citação de Hudson, modelos de autêntico hiper-realismo.

Pelas mãos de Hudson e Calveyra caímos na venturosa nostalgia do substantivo: pêssego, ninho, quebra-mar, garça, pernilongo, sabiá-do--campo. Cada substantivo é uma criatura viva e um acontecimento. Calveyra captura a "intimidade exata de acontecimentos à prova de tempo" e recupera o passado de um amigo íntimo, "esta privacidade — privacidade e rumores — de tardes de outro tempo", momentos que ainda não terminaram, capturados "no instante em que essas imagens que ele reconhecia como saídas do livro da natureza, aconteciam, aconteciam a ele como continuam nos acontecendo agora em forma de leitura".

Há longas transcrições em *Lá no verde Hudson*. Trata-se, no fim das contas, de um livro escrito em colaboração, entre Calveyra e Hudson, mas também entre Calveyra e os velhos tradutores de Hudson, a quem cita, homenageia e louva pelos "harmônicos encontrados ou ensaiados" para nos dar a conhecer "a atmosfera das palavras com que foi escrito". Mais adiante, um paradoxo facilita a Calveyra outra clara definição: "essa patriotada que é uma tradução... no caso de *Longe e há muito tempo* não é excessiva a palavra patriotada, uma vez que Hudson com este livro contribuiu para nos fundar um pouco mais e, sem sombra de dúvida, contribuiu para que chegássemos a valorizar o melhor que tempos: gente e luz".

Calveyra detecta um leve influxo castelhano no inglês de Hudson, "Indícios de ritmos que chegam de seu ouvido castelhano sempre vigente". Para além desta observação, o caso de Hudson, como o de Beckett, consegue pôr em questão, por si só, a mera ideia de uma literatura nacional.

Calveyra vai em busca do tênue, do vacilante, "instantes em que a delicadeza se convertia em solidão". Ou um "jardim convertido no melhor de nosso silêncio". Minutos em que a inocência de um poeta se torna um equivalente da clarividência: "árvore maior que qualquer pensamento de árvore". Em Calveyra, modo de pensar e de escrever, de pensar e poetizar, são uma coisa só.

O seu estilo se compõe de variações sobre um mesmo estilo, nunca isento de surpresa, e se Calveyra cria uma nova taxonomia poética — "a mente Hudson", "a luz Hudson" —, *Lá no verde...* encontra uma forma própria e nova, e pode ser lido e relido como um ensaio e uma narração. O autor do *Diário de Eulesis* elogia em Hudson a transparência do estilo e a "entrega total ao olhado, ao que se via no momento de olhar". Ler é também um modo de olhar, talvez mais intenso. Se um livro, parece dizer Calveyra, não vai ser único, como o de Hudson, se não vai se parecer com nada, melhor não se sentar para escrevê-lo.

VI

Arnaldo Calveyra não sabia o que fazia: escreveu como se a melhor poesia que o precedeu não tivesse sido suficiente e ainda não tivesse demonstrado até onde pode chegar a poesia. A sua é uma poesia sem antecedentes, nem filiações ostentosas; faz imaginar uma figura impossível: um poeta que não tenha lido um único poema alheio. De um modo similar, seu livro incisivamente intitulado *Romance* é a ficção de alguém que nunca leu romance algum. É um plano de evasão do gênero. "Meu romance impossível era o mar é o mar", diz em um momento o narrador, e não haveria por que subestimar o ímpeto de brincar que escondem do outro lado de sua asa algumas linhas de Calveyra, de cândida aparência.

Calveyra é um especialista em fazer de conta que nada foi dito. Seu objetivo — o termo denuncia uma intenção, algo que Calveyra elude sistematicamente — é ir sempre além — para escrever poesia preferiu a prosa — e, para ele, a palavra *longe* não tem fim. Vai constatando isso no curso de cada poema, sempre incerto. Daí que cada poema necessite uma certa extensão. Daí talvez o estado de júbilo, de celebração, de suas linhas. Narra como alguém que acaba de anular um malefício.

Romance é um longo poema narrativo, desses que deixam a impressão de que um grande poema é suficiente para toda a história, que um poema extraordinário põe todos os outros para correr como um programa informático, em milhares de máquinas. É preciso ter penetrado no mistério dos procedimentos, anotava Zeami, esses procedimentos que acabam dando em modulações. O método de Calveyra foi um longo exercício de digitação (de um pianista amador que passou pelo piano e fingiu que o abandonava).

Nele se dá um caso curiosíssimo, a composição e a execução são simultâneas. Sua chave secreta: conectar algo que se vê com outro algo que não se vê. O real se torna levemente irreal, e o irreal se torna completamente real. Ele eleva a condensação natural da poesia à terceira e à quarta potências. Mestre da omissão e do salto, Calveyra é um pré-socrático numa sala de montagem.

Romance é o esforço mais sustentado de Calveyra para ser Calveyra e ser outro. Como não lhe daria esse título? Esse diário parisiense, esse relato de uma amizade oculta, é mais confessional que qualquer coisa que tenha escrito, mais marcadamente confessional, como corresponde a um poeta que escreveu teatro.

Persistência — para arrancar mais e mais da pedra das palavras — foi, em Calveyra, sinônimo de inspiração. Como se tivesse sido possível ensaiar variações ao redor da inspiração. Talvez quisesse provar de quanto delírio — de quanta inverossimilhança — é feito um poeta. Suas frases enlouquecem: uma loucura matematicamente composta, uma loucura infinitesimal. Sem deliberação, sua obra refunda a pergunta pelo sentido em literatura.

Calveyra abre todos os caminhos e não se limita a nenhum, permanece imóvel e esteve em todas as partes. Torna a ter sentido se falar de uma escritura inspirada. Ler Calveyra é sentir que a linguagem esteve dormindo, hibernando por anos. As suas soam a palavras ditadas, seu castelhano é de outro mundo. Esteve escutando e transcrevendo, como São João em Patmos, mas, ao invés de um Apocalipse, foi tomando nota de um Gênesis, das primeiras luzes do mundo?

Calveyra aponta mundos sempre em estado inaugural. A poderosa docilidade de suas orações devolve ao leitor algo que já foi seu: um jardim, uma árvore.

Em poesia, há uma saída fácil — uma maneira tentadora de terminar uma linha — que pode produzir um milagre ou uma fraude. Um poema é uma maneira indulgente de pensar, e essa via cria pensamentos que nem a maior sofisticação filosófica consegue alcançar. Calveyra sabe de cor: de um lado, o sublime; do outro, se se ultrapassa a linha, a linguagem começa a ser ridícula. O que se vê em sua obra como debilidade ou deslize se infiltrou ali para salvá-lo do puro virtuosismo.

Arnaldo Calveyra: há algo de predestinação nessa combinação, a combinação de um ferrolho que guarda, ciumento, uma biografia. Ocorre com os nomes reverenciados: só parecem ter adquirido no final do caminho sua qualidade de predestinados, à maneira de uma ironia, precisamente, do destino, do caminho sem fim que levou, que custou esculpir esse nome no vazio. Como se um nome só fosse concedido ao fim de uma longa viagem. O salto que existe entre pessoa e obra, entre vida e obra, só pode ser condensado por uma palavra que espero que me perdoem, mas tenho de incomodá-los — como se estivesse aqui, a meu lado, ao nosso lado — à força de ser justo. A palavra é *gênio*. A garantia, como se fosse necessária, é a perplexidade do próprio poeta ante suas melhores linhas. Se há uma felicidade quase permanente em Calveyra é porque suas linhas dão a impressão de não poderem crer no que elas mesmas estão dizendo.

Aonde nos leva tudo isso, aonde nos deixa: a sós com um prodígio. O prodígio de uma voz que se inventou a si mesma. Não é simples ficar a sós com um milagre. Se não soasse tão absurdo ou estrondoso, diria que com livros como *Romance, Apontamentos para uma reencarnação, Diário de Eleusis* e *O caderno grego* se poderia fundar uma religião.

VII

Após cinco anos da morte do poeta Arnaldo Calveyra, talvez seja apropriado recordar seu livro mais pessoal, mais íntimo e até mais desconcertante

— para os que o conheciam e os que não —, curiosamente, um livro não de poesia em sentido estrito, mas de ensaios e prosas. *O cavalo branco de Mozart* contém textos sobre fotografia e o revela como um excelente retratista — de sua tradutora Laure Bataillon, de alunos de um colégio, de um professor de música, de Borges e Mastronardi —, e é, provavelmente, seu autorretrato melhor delineado. Não desmente, é claro, as virtudes de sua poesia: uma suprema inteligência lírica, uma rara clarividência e uma facilidade sobrenatural para encontrar-se numa voz.

O arco de uma vida parece ser lido com mais nitidez em textos dispersos, na conversa casual, a ocorrência, em formas de expressar ou avocar que autorretratam involuntariamente. Esse livro, em boa parte feito de passeios, remete a outros. Em agosto de 2000, caminhando pelo Parque Chas, descreveu-o como "uma reserva de silêncio". Numa excursão ao Jardim Botânico, observou que era "uma cidade sísmica... o primeiro romance sísmico". Anos depois, contou que, no voo Paris-Buenos Aires, ao sobrevoar o rio da Prata, viu "um Rothko no horizonte de Montevidéu", e, a seguir, acrescentou: "Rothko adivinhou, há anos, esse horizonte de Montevidéu". Frente a fotografias de Kertész, opinou: "Quase fazem mal. Refez Cézanne."

Impiedoso com sua própria obra, Calveyra era indulgente com as sugestões de outrem. Acatava a menor indicação que se fizesse a um de seus manuscritos. Adotava atitude de aprendiz em qualquer situação, frente a qualquer pessoa. Seu ensinamento — se assim se pode chamar ao que nunca teve o mínimo vislumbre de deliberação — residia em um diálogo risonhamente socrático — sua poesia é demasiado perfeita para ensinar alguma coisa, exceto por vias oblíquas ou diferidas, e podia expandir-se mais além do literário, rumo a zonas que efetivamente nasciam a partir dessa ocasião.

Na memória, Arnaldo Calveyra segue entrando no cabeleireiro de Parque Chas para perguntar se vendem perucas. Ensaiando caretas na varanda de um bar que acaba de fechar: um garçom lhe faz sinais de que a entrada já não é permitida a ninguém e ele finge tiques como de surdo-mudo a surdo-mudo. (Peter Brook tentou levar ao cinema um desses *impromptus*, em *Tell me lies*, no qual Calveyra é o personagem imutável ao redor do qual se passam as piores coisas.) Palmilhando um parque parisiense — Jardin des Plantes, René Le Gall, Luxemburgo — como um personagem de Tati em câmera lenta, encenando a diferença entre a parcimônia com que caminha e a velocidade com que produz ocorrências e percepções. Revelando que as professoras da escola número 8 de Mansilla, Entre Ríos, foram pioneiras do technicolor (experimentavam diversos celofanes sobre a lente do projetor para "colorir" os filmes).

Após uma breve estadia no Japão, sussurrava o seguinte por telefone: "Os japoneses estão como que desprevenidos, como que ausentes, é como se não existissem... não sabem nada, são inocentes, também num sentido cristão." Quanto à sua viagem e minha suposta presença ali, acompanhando-o, resumiu: "Ninguém negou que estivesse. Em nenhuma parte você estava, mas acabava de estar."

A lição mais direta e constante de Calveyra era o engenho como senda espiritual. À polícia indiana que o revistou antes de entrar em um templo, mostrou as pedras que havia juntado nos bolsos. Estava entrando em um carro junto a um grande espelho na entrada lateral de um edifício e disse: "te vejo pelo espelho, como os antigos." Ator perfeito de si mesmo, amiúde a cortesia funcionava nele como uma forma suave de ironia. Uma representação que, ao contrário do que acontece no teatro, precede a escrita. Não buscava intérprete, nasceu traduzido.

A sua era uma escola de modos de captar e encarecer o dito sem sair do círculo do observado. O método de trabalho à vista de todos e, no entanto, intangível. Foi Rothko quem assinalou: "o silêncio é tão preciso." O privilégio de ser testemunha de certas formas de calar leva a crer que os silêncios singulares de que alguém é capaz, em pessoa ou por escrito, acrescentam um traço não linear, elíptico, a um autorretrato.

História natural da destruição dos meus arquivos

Rafael Gutiérrez

Eu mesma, amanhã cedo, destruirei toda minha obra
Marina Tsvetáieva, 27 de abril de 1920

Foi assim que começou a *História natural da destruição dos meus arquivos*: fazia dois anos que eu estava imerso num estado de instabilidade mental e emocional. Consultei um psiquiatra e ele me diagnosticou com síndrome de transtorno bipolar. Me indicou um comprimido de oxalato de escitalopram (20mg), um de manhã e outro à noite, que me dava sono e produzia um aumento constante de peso. Esse estado teria levado a um bloqueio da minha escrita, embora eu ainda não soubesse se o bloqueio da escrita se devia à doença ou se, na verdade, a doença era um produto do bloqueio da escrita. De todo modo, me sentia incapacitado para escrever, o que não é nada recomendável para um escritor.

Meu primeiro romance, *Como se tornar um escritor cult de forma rápida e simples*, havia recebido boas críticas, embora tenha sido lido por um público reduzido. Apareceram duas resenhas em meios eletrônicos, uma em um jornal local, e também dei uma entrevista para um programa de rádio no horário da meia-noite. No entanto, depois da publicação, não conseguia entrar em nenhum novo projeto de escrita que me apaixonasse. Fiz várias tentativas que se esgotaram rapidamente. Às vezes sentia que o que escrevia era falso, sem vida. Outras vezes, que não tinha valor nenhum, que era um desperdício de tempo e energia investido em outro livro banal e sem sentido, que só iria encher ainda mais as já repletas estantes insensatas das livrarias.

Nenhum tema me emocionava. Nenhum personagem era suficientemente potente para se apoderar de meu espírito a ponto de conseguir imaginar sua vida e me transportar por completo para ela, esquecendo a minha própria e sofrida existência. Visto agora em perspectiva, talvez se tratasse de algo mais profundo. Não só de minha incapacidade particular de escrever ficção, mas da própria sensação de esgotamento da ficção. Como se, de repente, para mim pelo menos, inventar histórias não fizesse mais sentido.

No entanto, eu continuava sendo vítima daquilo que se pode chamar de *desejo da escrita.* Uma espécie de voz interior que me acompanha desde a adolescência e que nunca para de martelar no meu cérebro: "você tem que escrever", repete a voz, "você tem que escrever". De um lado, a obsessão pela escrita; do outro, a impossibilidade de escrever. Como diz Marcel Bénabou, em *Por que não escrevi nenhum de meus livros,* "o drama, na verdade, é que ser inapto à escrita não basta para tirar a vontade de escrever. Seria preciso, além disso, uma má-formação fisiológica. Mas nem isso bastaria: alguns ainda dariam um jeito de ditar."

Foi nesse estado que decidi empreender a revisão dos meus arquivos como uma tentativa de achar ou de recuperar alguma coisa que valesse a pena. Alguma ideia que pudesse ser o impulso inicial para um novo projeto de escrita. Mas o que em princípio deveria ser um ponto de partida, um começo, ou uma saída possível, rapidamente se transformou em uma história de destruição e perda.

Relacionei este processo com a ideia de *après-coup* ou posterioridade: um termo usado por Lacan para designar uma temporalidade específica do aparato psíquico que reconstitui *a posteriori* o sentido de uma determinada experiência. O significado desta experiência não se dá no momento do acontecimento nem por meio de uma percepção consciente. Assim, as cenas e projetos iniciados no passado atuam de forma diferida, dotando de sentido aquelas experiências inconclusas.

Senti que o processo de recuperação de meus arquivos se assemelhava a esses projetos que ficam sem terminar, mas que esperam um desfecho. Projetos que ficam em um certo estado de suspensão, abandonados mas não totalmente esquecidos e que no fundo guardam algum tipo de significado oculto para nossa vida. "*Releo mis papeles*", diz Osvaldo Lamborghini em *Irene Adler,* "como quien busca su cara en borra de tinta o café; pero la borra, en fin, es biología, inevitable decadencia".

Agora entendo que era necessário voltar a eles para conseguir escrever de novo. De forma paradoxal, então, essa exploração pelos territórios do fracasso e do inacabado se transformou também na forma de recuperar minha escrita, fazendo da impossibilidade, da destruição e da própria perda uma fonte possível para minha narrativa.

Enquanto revisava meus arquivos, comecei também a fazer algumas anotações sobre o tema. Essas anotações ficaram registradas em um pequeno caderno vermelho, como notas de rodapé desse processo que eu estava tentando compreender, desse impulso ou potência que nos leva a desejar escrever, embora esse desejo não se transforme necessariamente em uma matéria física, mas fique suspenso em um espaço invisível. O que não significa que sejam obras que não existem, e sim que ficam, como sugere Bénabou, "como em suspensão na literatura universal".

Do caderno vermelho:
Depois da publicação de *El llano en llamas* (1953) e *Pedro Páramo* (1955), Juan Rulfo afirmou por muitos anos que estava escrevendo um novo romance intitulado *La cordillera*. O romance foi anunciado por seus editores desde o início dos anos 1960, mas nunca foi publicado. O próprio autor o deu por destruído um pouco antes de sua morte em 1986. Nunca se conheceu fragmento algum da obra. Certa vez, Rulfo afirmou que não o havia terminado pela quantidade de sangue em suas páginas, e que ele já não queria tingir de sangue a literatura mexicana.

Primeira destruição: *Imperfeito equilíbrio*

Imperfeito equilíbrio foi o título que escolhi para minha primeira tentativa de escrever um romance. Estava com 28 anos e tinha acabado de chegar ao Rio. Naquela época, senti que era necessário sair de meu país e viver a experiência do estrangeiro para conseguir afirmar minha vocação. Mas talvez se tratasse de uma desculpa que eu usava para justificar minha falta de compromisso e disciplina, como se sempre esperasse uma situação externa ideal que me permitisse, finalmente, dedicar-me por completo à escrita. Agora entendo que essa situação ideal não existe. Como diz Augusto Monterroso com seu fino humor: "*el* verdadero escritor no deja nunca de escribir; cuando deja de hacerlo dice que lo pospone. En estas posposiciones puede pasársele la vida."

Nessa primeira tentativa de romance, eu procurava narrar a história de uma mulher chamada Laura, minha protagonista. Eu morava com minha mulher em um pequeno apartamento no 159 da rua Bento Lisboa. Muito perto do largo do Machado. Fazia tempo que queria escrever sobre Laura, embora não soubesse bem o porquê. Havia imaginado seu rosto, seu corpo, sua forma de caminhar, até alguns gestos particulares, como o de fazer um estranho barulho com a boca quando está lendo. Mas, até aquele momento, eu ainda não a tinha encontrado.

Eu sabia que Laura devia tomar uma decisão, mas não tinha clareza sobre que decisão era essa. Imaginava Laura pensando sobre sua vida, construindo um futuro possível. Sabia que era uma decisão corriqueira. Não a via como um caso extremo, mas simplesmente como alguém que tinha de escolher um caminho.

Penso agora que a forma como Laura se apresentava no início do romance estava influenciada por um dos capítulos iniciais de *A insustentável leveza do ser*, de Kundera. Procuro o livro na minha estante e encontro a seguinte imagem no capítulo 3 da primeira parte, "A leveza e o peso": "Há muitos anos penso em Tomas. Mas foi sob a luz dessas reflexões [Kundera refere-se à reflexão sobre o eterno retorno] que o vi claramente pela primeira vez. Eu o vi de pé, diante de uma janela de seu apartamento, os olhos fixos na parede do prédio defronte, do outro lado do pátio, sem saber o que fazer."

O livro de Kundera era um dos que eu usava em meus exercícios de escrita. Tomei essa ideia de um personagem de um filme, um escritor que morava isolado do mundo em um velho apartamento de um bairro pobre de Nova York. Em uma das cenas do filme, o velho escritor ensina a um jovem aspirante a técnica de copiar literalmente o início de alguma obra que admirasse para depois liberar sua própria imaginação. Assim, depois de assistir ao filme, comecei a copiar inícios de romances que admirava, entre eles o de Kundera.

Escrevi aproximadamente 70 páginas. Escrevi grande parte do texto na biblioteca da PUC-Rio, onde fazia meus estudos em literatura. Uma linda e confortável biblioteca, de onde se podia ver o famoso monumento do Cristo Redentor. Também escrevi partes do romance no pequeno apartamento da rua Bento Lisboa e, depois, em um velho apartamento de dois quartos no bairro de Santa Teresa.

No início, eu não sabia para onde iria a história de Laura. Sabia que ela deveria tomar uma decisão importante, e, quando chegou o momento de decidir, apareceu de novo a ideia da viagem, a necessidade de deixar tudo para trás. O que é que eu mesmo queria deixar para trás naquela época? Outra vida, talvez. Uma vida que sentia que outros haviam imaginado para mim, mas que não era a vida que eu queria.

Além de não conseguir separar de maneira convincente a história de minha protagonista de minha própria história, o romance também pecava por um excesso de ideias. Parecia que aproveitava qualquer oportunidade para comentar outros livros que lia ou para fazer discursos sobre vários temas: o exílio, a identidade, no pior estilo do velho "romance de tese". Não exatamente na forma equilibrada entre ensaio e ficção que admiro em escritores contemporâneos como Sebald ou Coetzee, mas de forma tosca e grosseira.

Um desses comentários sobre minhas leituras da época era a respeito do romance *Em liberdade*, de Silviano Santiago. O livro de Santiago reproduz um suposto diário que outro escritor, Graciliano Ramos, teria escrito ao sair da prisão em janeiro de 1937. Obviamente, trata-se de uma ficção, mas a obra está tão bem construída que a maior parte do tempo esquecemos disso. Um exercício perfeito, em que o escritor assume inteiramente o papel de seu personagem: outro escritor que reconstrói e analisa os dias posteriores à saída da cadeia. O personagem de Graciliano diz, em um dos apartes do diário, que não quer cair na armadilha da ficção, que não quer fazer do diário um romance: "[...] a presença onipresente do romancista, construtor de enredos, é relegada a segundo plano. A sequência das cenas é dada pelos caminhos e descaminhos de uma vida. Sigo os passos do personagem, não sigo o enredo do romancista. Pela primeira vez." Mas quem escreve isso é, na verdade, o romancista Silviano Santiago.

Já nessa primeira tentativa frustrada de escrever um romance, eu me questionava sobre os limites entre o diário e a ficção. Mas sinto que naquela época o pêndulo se inclinava por esta última. Como disse antes, eu queria ser um romancista, queria escrever ficção, mas não percebia plenamente a impossibilidade que já então começava a configurar o conflito que me acompanha até agora. Um conflito que para muitos pode até parecer banal, mas que para mim se transformou em uma fonte permanente de ansiedade e angústia, e que provavelmente contribuiu, entre outros fatores, para que eu caísse nesse forte estado de depressão.

De que forma esses fragmentos ensaísticos e comentários de leitura se relacionavam com o transcurso do romance? Não sei agora e não sabia naquele momento. Aí parece estar um dos graves problemas do texto. Eu queria escrever uma história, mas, ao mesmo tempo, não conseguia me desprender do gesto reflexivo. Isso, em princípio, não seria um problema. Há excelentes romances que conseguem equilibrar as duas coisas. O problema era que esses caminhos não se encontravam de forma harmônica em nenhum momento. O romance começava a sair de controle, a se transformar em uma colcha de retalhos que não parecia ter um fio condutor.

Depois de acompanhar por quase quarenta páginas a vida de Laura — seus conflitos com o pai, uma aventura amorosa com um turista mexicano, as dúvidas sobre a viagem que quer fazer —, de repente o romance se perde por diversos fragmentos incluindo algo parecido a um ensaio, bastante ingênuo, sobre a questão da identidade latino-americana e uma descrição de uma cerimônia de candomblé em Duque de Caxias. Fica evidente que o escritor não sabia o que fazer e o romance perde qualquer linha argumentativa ou estrutura que o sustente.

Não lembro exatamente em que momento de sensatez ou de cansaço decidi abandonar o projeto. Lembro que permaneceu alguns anos como uma possibilidade latente, à qual eu retornava de vez em quando. Abandoná-lo não foi fácil. Nunca é fácil. "A arte de abandonar não é ensinada a ninguém", escreveu Clarice Lispector. Quase sempre pensamos que alguma coisa pode ser resgatada do desastre, que vale a pena tentar de novo. Como se tentássemos evitar uma ruptura amorosa que não tem mais saída. Mas não há saída.

Do caderno vermelho:

Em 1926, uma vez concluída a correção da segunda edição de *La vorágine*, José Eustasio Rivera começa a escrever seu segundo romance, *La mancha negra*. A obra seria uma denúncia da exploração do homem por parte das empresas petroleiras norte-americanas. Antes de morrer de forma repentina em Nova York, em 1928, de malária cerebral — doença que ele provavelmente contraiu em seus anos na selva colombiana —, Rivera entregou o manuscrito da obra ao piloto Benjamin Mendes, que viajava à Colômbia. O avião de Mendes caiu durante a travessia a Bogotá. *La mancha negra* afundou no mar do Caribe, desaparecendo para sempre.

Segunda destruição: *A saga familiar*

Não sou um grande leitor de John Updike. No entanto, num dia de 2003, andando por Copacabana, comprei num sebo o romance *Na beleza dos lírios* [*In the beauty of the lilies*], publicado em 1996. O título do romance vem de um verso da música patriótica "Battle hymn of the republic", composta pela escritora abolicionista Julia Ward Howe em 1861: "In the beauty of the lilies Christ was born across the sea, / With a glory in His bosom that transfigures you and me / As He died to make men holy, let us die to make men free, / While God is marching on". Lembro que gostei muito do livro, sobretudo de sua estrutura. O texto segue a história de diversos personagens de uma mesma família ao longo de vários anos, apresentando os conflitos e o transcorrer da vida dos personagens ao mesmo tempo que desenha um plano amplo da história dos Estados Unidos no século XX.

Lembro com carinho o personagem central da primeira parte, o reverendo Clarence Arthur Wilmot, que atravessa um momento crucial em sua vida, quando sente que está perdendo sua fé em Deus. Depois de um longo processo para finalmente abandonar o serviço religioso, Clarence se torna vendedor ambulante da *Enciclopédia popular*, caminhando todos os dias, de casa em casa, pela pequena cidade de Paterson. Cada uma das partes do romance acompanha um momento central na vida de algum membro da família Wilmot, começando com o reverendo Clarence.

Este não é o único romance de saga familiar na minha história de leitor, mas, por alguma razão, foi o que se instalou com mais força em minha memória e me levou, alguns anos depois da leitura, a um exercício semelhante. Tentativa frustrada, claro, como já estarão imaginando. Não cheguei a pôr um título desta vez. Não lembro agora se pensei em algum. Seguramente, esperava que, ao final da escrita, aparecesse uma frase impactante como aquela escolhida por Updike.

Em meu computador, a pasta aparece intitulada simplesmente como *Saga familiar*. Cada capítulo ocupa um arquivo com o nome do personagem central da história, sempre um integrante da minha família, em distintas gerações: "Norberto", "Gabriel", "Natalia", "Eduardo", da mesma forma que Updike tinha feito em seu romance. Norberto era o nome real de meu avô paterno. Natalia é o nome real de minha irmã. Troquei Rafael, nome do meu pai, por Gabriel. Eduardo é meu segundo nome, e a história do personagem se parecia com a minha: um colombiano vivendo no Brasil. Mas, no caso do meu romance, Eduardo é filho de Natalia e representa a última geração da família retratada na história. Por que mudei somente o nome do meu pai? Não sei, mas algo se escondia por trás desse gesto tão aparentemente banal.

No romance, eu pegava emprestado elementos da história real da minha família. A caracterização dos personagens era muito próxima da vida real, mas, no momento da escrita, fui alterando os fatos para criar uma história que me parecia mais atraente, com mais tensão e conflito. Possivelmente, foi um dos erros que cometi. Talvez, se tivesse tentado escrever a história real de minha família, os resultados fossem melhores do ponto de vista literário. Como diz Montaigne, escrever "o mais próximo possível da vida real, com suas angústias, suas incertezas, seus mais e menos, o mais próximo de sua essencial fragilidade, sua essencial finitude, sua essencial e definitiva improvisação".

No primeiro capítulo do romance, descrevia um momento específico da vida de meu avô, dono de uma pequena loja em um povoado da zona central da Colômbia. Meu avô era um exemplar típico do *godo*, ou conservador na política colombiana, e teve de vivenciar um dos períodos mais terríveis da história: a denominada "Época da violência". Por quase dez anos, entre 1948 e 1957, liberais e conservadores se mataram num conflito sangrento. Pesquisas sobre a época estimam em mais de 200.000 os mortos nessa guerra civil não declarada. Por isso, eu tinha escolhido, como epígrafe do romance, uma frase do pintor e escritor colombiano Héctor Rojas Erazo: "Ninguna buena idea merece un cadáver."

Por meio da figura de meu avô e da história de sua família, eu tentava mostrar de forma indireta essa parte da história política colombiana. Ao mesmo tempo, começava a desenhar a história familiar que seria o eixo estrutural do romance.

Meu pai é o protagonista do segundo capítulo. Aqui, o esquema é similar ao primeiro. Duas histórias em paralelo: uma política, a outra, uma história de amor. A história política é a história de meu pai, um militante de esquerda nos anos 60 do século XX. No extremo oposto das ideias de Norberto, seu pai, Gabriel é defensor das propostas comunistas, próximo de militantes radicais da Universidade de Caldas, onde estuda medicina.

A história de amor é a história dos meus pais. Está tudo ali: a forma como supostamente se conheceram (uma história inventada) e a forma repentina como decidem se casar um mês depois de ficarem juntos (algo que realmente ocorreu). No romance, a história de amor juvenil de meus pais se mistura com um *thriller* político em que um grupo de estudantes radicais da universidade, do qual meu pai fazia parte, decide sequestrar um coronel do exército como vingança pela morte de um líder estudantil vinculado à guerrilha.

Infelizmente, para o romance, tudo não passava de um estereótipo. Eu fazia coisas que detestava nos livros dos outros. Personagens superficiais, cenas de ação que mal poderiam fazer parte de um filme B de Hollywood, diálogos rasos que levariam Pizarnik ao limite dos nervos — diz-se que uma vez perguntaram a ela por que não escrevia um romance, e ela respondeu: "porque em todo romance sempre há um diálogo como este: — Oi, como você está? Quer uma xícara de café com leite?". Eu tentava ser um romancista sério e transcendental, mas o resultado era mais parecido com uma paródia involuntária. Nada poderia ser pior.

> Do caderno vermelho:
> O escritor uruguaio Carlos Liscano foi preso em maio de 1972 como membro da guerrilha do Movimiento Revolucionario de Liberación Nacional Tupamaros. Ficou na cadeia durante os anos da ditadura militar uruguaia, sendo liberado em março de 1985. Na prisão, Liscano concebe seu primeiro romance: *La mansión del tirano.* Como não tinha meios para escrever, ele constrói o romance totalmente em sua cabeça. Tempo depois, consegue escrever o texto. Esta primeira versão é roubada na cadeia por um militar. O manuscrito nunca foi recuperado. Escrevendo em letra minúscula em pequenos pedaços de papel, Liscano teve de reescrever de novo toda a história na cadeia, tentando lembrar, frase a frase, a primeira versão do romance.

Quiçá o único aspecto resgatável deste capítulo seja o que está relacionado com o alcoolismo do meu pai. Algo que marcou minha infância e minha adolescência, deixando marcas profundas em mim. De novo vem à minha mente a ideia de Montaigne: "escrever o mais próximo possível de si mesmo." Muitos anos depois da época na qual eu situava o romance, meu pai largou a bebida. Até hoje, vinte e cinco anos depois, nunca mais bebeu.

O terceiro capítulo da saga familiar acompanha a história de Natalia. Mas, na verdade, se tratava de um personagem no qual eu mesmo me representava. Era uma mistura entre partes da história de minha irmã e meus próprios dilemas e conflitos. No romance, Natalia é uma escritora morando em Bogotá nos anos 1990. Nesse contexto, a história misturava as relações amorosas e os conflitos de uma escritora iniciante com o clima de violência provocado naquela época pelos cartéis do narcotráfico. Atentados a bomba, sequestros e um clima de ameaça constante formam o pano de fundo de uma história de aprendizagem e de formação artística. De novo, tentava conectar as histórias íntimas de uma família com os acontecimentos mais amplos da história violenta do país.

Talvez alguns fragmentos do romance não fossem tão ruins. Mas, de modo geral, o romance é muito fraco. Parece mais próximo de um roteiro, mas um roteiro cheio de lugares-comuns e escrito com descuido. "Não é literatura, é mecanografia", como diria o terrível Truman Capote se referindo a Jack Kerouac.

Penso que o último capítulo do romance, intitulado "Eduardo", era o melhor. Tanto assim que decidi aproveitá-lo como um relato independente que, depois de traduzir para o português, publiquei em uma revista literária de São Paulo. O relato em espanhol pode ser lido em meu blog, com o título "Un paso en falso".[1]

Diferentemente dos demais capítulos, escritos em terceira pessoa, este está escrito em primeira pessoa, na voz de Eduardo, que, no romance, é filho de Natalia e representa a última geração da família. Eduardo mora no Rio, mas sua história é muito diferente da minha. Ele teve de sair da Colômbia por causa de ameaças de pessoas a quem devia dinheiro. Perdeu seu negócio. Sua esposa o deixou. A relação com sua mãe foi sempre conflitiva. Passa mais de dez anos morando no Brasil. Aluga um pequeno apartamento na Glória e tem poucos amigos.

Eduardo reflete sobre sua vida e decide escrever algumas notas ao receber uma chamada de seu filho, dizendo que sua mãe está muito doente e talvez não resista muito tempo. Eduardo decide viajar com urgência para Bogotá, e, na preparação e decorrer da viagem, faz um rápido balanço de sua vida e da relação com sua mãe.

Este capítulo era diferente dos outros. A história está mais concentrada e tem um caráter mais íntimo. Há poucas referências ao contexto social e político, algo que, na verdade, quebrava a ideia estrutural do romance. Tudo isso talvez se explique pela distância de tempo deste capítulo em relação aos outros. Os três primeiros foram escritos no ano de 2008, quando passava uma feliz temporada de estudos em Rosario. Escrevi esses capítulos em um apartamento em frente à plaza de la Libertad (batizada assim em plena ditadura militar) e em alguns cafés da cidade, como La Sede, El Cairo e Capote. O último capítulo escrevi dois anos depois, quando voltei ao Rio.

Minha ideia inicial, inspirada em Updike, era indagar a história política a partir de um ponto de vista que tentava privilegiar o íntimo e o

....

1. O endereço do blog: https://laorejadeholyfield.com/.

confessional, em detrimento do documental, como eixo da narrativa. Procurava me aproximar de modo lateral ao clima de violência vivido por três gerações de minha família. Aos ideais políticos e às sequelas que a guerra civil deixou nos sobreviventes. A ideia, em princípio, parecia boa, mas, infelizmente, nada funcionava. Volto a suas páginas e sinto seu caráter frustrado, a ausência de força interna.

Me pergunto se é um problema deste romance em particular ou da minha própria escrita, ou mesmo se a questão não é mais ampla. Se estamos falando novamente da impossibilidade do romance ou da ficção. Mario Bellatin pergunta, um tanto melancólico, ao final de *La jornada de la mona y el paciente*: "¿Se podrá comenzar a escribir?". Mas, no próprio romance, descreve a escrita como o ponto mais importante de sua existência, "como si su ser fuera solo un pretexto para que esta escritura pudiera existir". Está aí de novo o paradoxo: impossibilidade e desejo.

> Do caderno vermelho:
> Em suas *Vidas escritas*, Javier Marías conta que, pouco antes de morrer, Laurence Sterne começou a escrever um romance cômico. Nesse ato, Sterne via uma vantagem: "quando eu morrer, colocarão o meu nome nessa lista de heróis que morreram brincando." Uma lista encabeçada por Cervantes, seguido por Scarron e por seu querido Verville. Desse romance não sobrou nada. Não sabemos se somente o anunciou ou se teria escrito algumas páginas. Sterne morreu em Londres em 18 de março de 1768. Tinha cinquenta e quatro anos.

Terceira destruição: *Uma teoria do fracasso*

No ano em que meu filho nasceu, também nascia um romance que nunca consegui publicar. De início se chamou *O fracasso* e era este justamente o motivo que sustentava sua escrita. A sensação de fracasso do narrador-protagonista, um escritor perto de fazer quarenta anos ("no meio do caminho da vida" etc.) que sente que fracassou em seu propósito de tornar-se um escritor. O romance narra sua relação com a escrita, seus pequenos triunfos, suas frustrações, ao mesmo tempo que descreve diversos episódios de seu passado seguindo a ordem arbitrária de suas lembranças.

Embora o romance parecesse um exercício catártico e aparentemente autobiográfico, conforme a escrita avançava a ficção ia invadindo o relato, modificando ou inventando imagens, lembranças, episódios, o que levou alguns amigos e familiares que leram o texto a desentendimentos e dúvidas sobre meu verdadeiro estado mental e meus fetiches sexuais: é verdade isto? É verdade que você gosta de mulheres sem uma perna? É verdade que você já teve relações com vários homens?

A primeira versão do texto não me tomou muito tempo. Nessa época eu morava com minha mulher em uma pequena cidade do interior de São Paulo. Tinha uma bolsa do Estado brasileiro e não tinha grandes ocupações. Dava aula na universidade uma vez por semana e trabalhava os outros dias na biblioteca escrevendo um livro sobre a obra fantástica de Rubén Darío. Morávamos austera e tranquilamente em uma pequena casa na periferia da cidade, rodeados de natureza e silêncio enquanto esperávamos a chegada de nosso primeiro filho.

A escrita naquela época fluía facilmente, trazendo lembranças, sentimentos, afetos. Escrevia com raiva, às vezes com bom humor, às vezes com uma sensação de urgência e desespero por expressar algo que me corroía por dentro. Quase poderia dizer que o romance se escrevia sozinho e que eu fui somente um copista ou intermediário. Achava que estava escrevendo um bom texto embora me afastasse radicalmente do caminho de escrita iniciado com meu romance *Como se tornar um escritor cult de forma rápida e simples*. Me afastava de um caminho hiperliterário à la Vila-Matas para me internar em algo mais visceral e próximo de certo sentimentalismo patético e raivoso à la Henry Miller ou Fernando Vallejo (ou pelo menos eu achava que era algo assim).

Quando terminei o romance e fiz algumas revisões, enviei o manuscrito ao concurso da Universidade Central de Bogotá. Assim começava a própria história de fracasso de um romance que tematizava o fracasso. Fracasso relativo, devo esclarecer, pois, se é verdade que nunca consegui publicá-lo, o romance foi finalista deste concurso e de outro, o do Distrito de Bogotá, um ano depois.

No dia 27 de setembro de 2011, recebi uma carta da Universidade Central. Nela, me comunicavam que, depois de ler e analisar 42 obras enviadas ao concurso, o júri havia escolhido como finalista o romance *Esse inquieto animal que levamos dentro*, assinado com o pseudônimo de Sofia Auerbach. Segundo o júri, a obra "é construída com a serenidade e a frustração da escrita como sentimento aprisionado, tecendo a partir de tal *leitmotiv* a história de vida de um homem de quarenta anos, pai, casado, acadêmico e com um percurso vivido e agora relembrado no romance".

O texto não era ruim, na visão dos jurados, mas não merecia o primeiro lugar. Ser finalista me devolvia algo da autoestima perdida, mas, ao mesmo tempo, me deixava em um lugar incerto: o de um escritor que não consegue publicar.

Claro que eu queria ganhar o prêmio e publicar o romance, mas comecei a ter uma sensação ambígua. Não sabia ao certo se era um romance que eu gostaria de ler e nem se evocava certo tipo de leitor ideal que eu tinha em mente. Um bom amigo escritor o leu e me devolveu o texto sem dizer nada, o que significa, entre amigos escritores, que não tinha gostado. Achei apenas uma frase sublinhada em vermelho: "Essa noite tive que dormir no quarto com meu irmão porque estava com medo." Por que sublinhou essa frase? Por que somente essa frase em todo o manuscrito? Não sei e nunca perguntei a ele.

> Do caderno vermelho:
> Em seu ensaio, *O futuro da música local*, Morton Feldman propõe uma distinção entre a literatura americana e a europeia. Falando de Ernest Hemingway e Günter Grass, Feldman afirma que o americano é despojado, enquanto Grass é rebuscado, nunca sabe o que jogar fora. "Como sabemos o que jogar fora? [...] Günter Grass não aprendeu nada com o Hemingway, veem? [...] Nós sabemos o que jogar fora. Nós temos um instinto para retirar coisas, talvez seja um instinto comercial mesmo. Talvez seja como escrever um anúncio para a Madison Avenue."

Continuei fazendo mudanças no texto, revisando algumas coisas, retirando outras e, finalmente, o enviei a algumas editoras. Resultado: duas recusas (Norma e Editora da Universidade de Antioquia) e dois silêncios (Alfaguara e Edições B). A recusa que mais me afetou foi a da Universidade de Antioquia, uma vez que eu havia publicado meu primeiro romance com eles, o que me levou a pensar, ingenuamente, que já era um escritor da casa e que publicariam tudo o que escrevesse. Mas não é assim que funciona o negócio, e agora agradeço. Precisamente porque a história de dificuldades para publicar o romance confirmava minha sensação de que algo ali não funcionava.

No entanto, o veredito dos leitores de Antioquia não foi unânime. O primeiro recusou abertamente. O segundo aceitava o romance, mas recomendava que eu trabalhasse mais se quisesse que o manuscrito se tornasse uma "obra maior". O primeiro avaliador disse o seguinte:

Falhas, limitações: "Este romance, por seu tema, evoca *O estrangeiro*, de Albert Camus, e *O poço*, de Juan Carlos Onetti (Eladio Linacero também está com quarenta anos). E vale a comparação, não para dizer que é uma cópia, mas para entender qual é sua limitação. Em *Esse inquieto animal que levamos dentro*, o tema do estranhamento é abordado com muito desapego. Por isso seu destino não comove como o de Mersault ou de Eladio Linacero, personagens anódinos como o do romance que nos ocupa, mas com uma dimensão trágica. Poderíamos pensar que a intenção do autor não foi a de criar um personagem transcendental, mas risível. Também não consegue. O romance nem é totalmente trágico nem é totalmente divertido. Fica em uma mediania. O personagem não parece muito convencido de seu desenraizamento, e sua condição não nos faz estremecer. Ele não ri o suficiente de si mesmo para que tenhamos compaixão dele. Trágico ou cômico, profundo ou frívolo, isso não importa, o que importa é que um personagem seja memorável. Mais ainda quando, como ocorre aqui, é o suporte da narração."

Deve publicar-se: Não.

O segundo avaliador foi um pouco mais bondoso:

Méritos da obra: "Sem dúvida nos encontramos ante uma voz narrativa potente com um domínio das situações cotidianas que se destaca dramaticamente pela sinceridade, e a soltura da escrita, as revelações, confissões e autocrítica propõem um jogo — não isento de ironia e impiedade — entre o protagonista e o leitor que assiste à configuração de um retrato despojado de considerações do qual emerge a figura de um desterrado de si."

Recomendações. Deve ou não publicar-se?: "Como leitor, eu pediria ao autor que voltasse a seu texto. Penso que, em seu estado atual, é uma obra menor e percebo que poderia ser uma obra maior. É possível, devo confessar, que o protagonista, por sua atitude sobre si, possa gerar uma certa confusão: esse personagem que não consegue publicar sua obra levanta a suspeita de encontrar na realidade deste romance um destino parecido, como se *Esse inquieto animal...* fosse um texto apresentado a editoras ou a concursos que segue sem conseguir alcançar o seu propósito. É possível que não, na medida em que reconheço o domínio narrativo e talvez seja o protagonista quem me leve a essa confusão. Então pergunto-me: o autor tem pressa para publicar uma obra que, acredito, deve voltar a suas mãos para que seja recriada à luz de um melhor caminho ou considera que este é o texto definitivo e se arrisca a entregá-lo já para seus leitores?"

Sobre a segunda apreciação, escrevi o seguinte no meu diário, na entrada de 6 de julho de 2015: "Obrigado, querido avaliador. Gostaria de agradecer a você pessoalmente, pois senti uma grande empatia pela forma como você leu e interpretou meu texto. Respondendo a sua pergunta: não, não tenho pressa de publicar o romance. Na verdade, não tenho nenhuma necessidade e prefiro continuar sendo um anônimo que passar rapidamente ao desprestígio."

Ano passado, reli o romance e achei bom. Continuava sem entender por que ele era objeto de constante recusa. Passaram-se alguns meses e o li de novo. Na segunda leitura meu critério já não era tão firme. Duvidava. Sentia, em todo caso, que era necessário tomar uma decisão drástica. Não podia continuar com esse peso atravessado na minha vida.

Acredito que esse momento finalmente chegou e, no entanto, agora me pergunto: destruirei o romance? Terei coragem suficiente para fazê-lo?

Do caderno vermelho:
Em janeiro de 2021, inspirada no projeto *Inventário de destruições*, de Éric Watier, e no livro *Les unités perdues*, de Henri Lefebvre, a poeta Marília García decidiu fazer seu próprio inventário. Marília queria saber: como seus contemporâneos compõem sua obra? O quanto destruir faz parte do processo? Em seu inventário aparece a poeta Adelaide Ivánova, que conta que nomeou uma pasta em seu computador de "ensaios que eu devia terminar", mas que nunca termina. Ali, guarda textos inacabados e em processo. Diante desta pasta, Adelaide se pergunta: "não terminar um texto é também jogá-lo fora?".

Cabelo espetado

Nora Avaro
Tradução de Claudia Dias Sampaio

Há uma imagem de Hebe Uhart que adoro, uma que une estranheza e tenacidade. Não se trata de sua imagem de escritora, de seu posicionamento autofigurativo no mapa das letras. **Não**: Uhart parece não se importar muito com isso, com uma posição — e ainda mais quando nesse mapa nunca estarão a cidade de Moreno nem a de Paso del Rey, nem a linha de trem que as une a Buenos Aires, ponto onde o mapa se torna China. Trata-se, para falar a verdade, de uma imagem furtiva e pessoal. Eu mesma não a captei em sua presença. Captei outras há muito tempo, quando Hebe foi a Rosario buscar informações para escrever a crônica da cidade, e nos encontramos. Acabei sendo uma decepção para ela, pude responder a poucos dos seus pedidos sobre dados, e fiquei impressionada com o quanto estes lhe interessavam, uma surpresa para mim naquele momento. Uma grande enciclopédia básica, como a Britânica de Borges, mas com poucas arestas difíceis, incômodas e dominantes como em Borges; em Uhart, à diferença de Borges, está o apego ao relato gracioso, leve, pigmeu.

Na ocasião daquela viagem a Rosario, Hebe me deu de presente uma cesta e o livro de Lina Beck-Bernard, *El río Paraná*. A cesta é um artesanato do Centro Cultural El Obrador, localizado no bairro Toba, onde Uhart esteve por uma tarde escutando finamente a fala de seus contemporâneos, com a atenção e a precisão que só ela sabe ter. O livro, as memórias escritas pela esposa alsaciana de um empresário suíço da colonização agrícola de Santa Fé, com uma aberta e franca inclinação testemunhal, durante seus cinco anos de estadia ("1857-1862") na "Confederação Argentina". Tudo o que Lina Beck-Bernard ignorava da cidade de Santa Fé — que foi, justamente, tudo o que quis aprender — sustenta e conduz sua vocação observadora. É bem parecido (salvo as distâncias que vão de um século a outro, de um talento narrativo a outro e, principalmente, de uma mulher a outra) à atitude cronista de Uhart: atenta, gentil, levemente brincalhona, sempre aberta tanto às novas descobertas quanto aos rituais tradicionais.

Nos encontramos em um bar telúrico, mas depois fomos a outro, ao ar livre, sem vistas nem folclore, para poder fumar. Fumamos. Contei a Hebe, pensando em contribuir para sua crônica, entre outros pouquíssimos temas pitorescos que não lhe interessaram nada, sobre os suicídios dos cachorros de Rosario, que também não lhe interessaram nada. Era de se esperar: os cachorros não falam, que dirá os suicidados. Contou-me que, em sua primeira juventude, tinha passado uma temporada em Rosario para se afastar de um caso com um homem inconveniente, e que nessa época costumava estudar latim em um bar costeiro enquanto observava o grande rio. A história do homem inconveniente não entrou na crônica, mas sim o rio e o latim, pelo menos na versão que eu guardo e que ela, tão atenciosa, me mandou assim que acabou de escrevê-la.

Talvez eu devesse ter me preparado mais para a entrevista com Uhart, desde o momento em que ela anunciou sua visita. Deveria ter revisto um pouco as anedotas e histórias da cidade para levar-lhe informação útil, mas suponho que confiei, erroneamente, no atavismo urbano que, depois de anos e anos vivendo aqui, funcionaria em minha cabeça como reserva e memória: não foi isso o que aconteceu. Hebe me perguntava, entre tantas coisas, quem era o senhor do busto da praça tal, ou quais foram as virtudes do senhor Oroño que o fizeram merecedor de um bulevar, e meu barco naufragava na ignorância entre ilhas de governadores, monumentos, ruas, datas, bairros inteiros, edifícios. Acho que consegui dizer que Sarmiento veio a Rosario, com imprensa e tudo, para escrever o boletim de campanha do exército maior, mas agora não tenho tanta certeza se eu disse isso, nem se consegui finalmente oferecer alguma informação que lhe interessasse, quando ela partia para uma outra entrevista mais proveitosa, tão rápida como Adèle Hugo: "quando sai do sótão, não para até chegar a Marte."

A imagem que adoro de Hebe, que une estranheza e tenacidade, coincide, em seus próprios repentes, com a de Adèle Hugo. Tenho ela guardada desde antes de conhecê-la, e quase diria, desde antes de lê-la com o fervor correspondente em 1999, quando, com uma diferença de um mês, de fevereiro a março, Uhart publicou *Señorita* pela editora Simurg e reeditou *Mudanzas* pela Mondadori, duas obras-primas. Tenho isso bem registrado porque eu trabalhava em um jornal e imediatamente resenhei cada um dos livros. Quase dez anos depois, que passaram, como sempre acontece no Tempo-Uhart, em um sopro de muitas vicissitudes, Adèle H. veio colocar a assinatura de Hebe à imagem de Hebe que está na minha cabeça desde que me dispus a lê-la para escrever um texto que me haviam pedido.

Em 29 de junho de 2008, Uhart escolheu, na seção de filme favorito para o suplemento "Radar" do jornal argentino *Página 12*, *A história de Adèle H.* de François Truffaut: a filha de Victor Hugo à procura do namorado perdido. Ainda que não estejam aqui as notas autobiográficas de sua literatura — nem as casas de Moreno e Paso del Rey, nem a tia bárbara nem a civilizada, nem, principalmente, a menina de inocência expectante que governa a formação familiar, que aparece em todas as vozes narrativas e que tendemos a identificar com a autora —, sua imagem se uniu para mim de maneira indefectível à de Adèle Hugo, o belo rosto de Hebe sobreposto ao de Isabelle Adjani em uma conjunção desconcertada, mas perfeita. Ainda que não pela beleza infalível de Uhart e de Adjani, mas sim, justamente, por certo disparate da beleza infalível ("There is no excellent beauty that hath not some strangeness in the proportion", escreveu Francis Bacon em 1625). Acho que se soubesse desses pentimentos insistentes em minha cabeça, Hebe os teria acatado. Mas só mais ou menos. "Amplia-os", teria dito.

Segundo conta Laura Estrín em sua *Memoria irreversible* (2019), lá pelos anos 1980, Hebe sempre dava o mesmo conselho aos alunos de sua oficina literária. "Amplia-o", dizia, sem importar se escrevessem uma longa batalha ou um verso dissílabo. Então, amplio na citação:

> A cena que mais lembro — escreve Uhart sobre Adèle H. — é quando ele está esperando embaixo (ela demora muito para descer). Quando finalmente desce, vemos que tinha se arrumado de modo desastroso e excessivo, como acontece com certas noivas que seria melhor se não tivessem se arrumado. Ficou mais feia, mas isso não é tão terrível (não era feia), ficou esquisita. Eu me identifico com ela não pela demora em descer (sempre cheguei a vários lugares mais rápido que um bombeiro) mas porque fico imaginando como ela utilizou o tempo prévio ao encontro: quando eu ia me encontrar com algum namorado e me esmerava em aparecer muito bem, me saltava um cabelo espetado e eu não podia dominá-lo. Possivelmente, essa forma tão artificial de se arrumar, ou meus fios de cabelo arrepiados, tenham a ver com "ele tem que me amar de qualquer jeito que me veja, mesmo que minha aparência seja ameaçadora

ou desanimadora". O paradoxo é que quanto mais estranha ela apareça, mais aspira a ser ela mesma.

Tudo o que tenho para dizer agora está nesta citação e poderia encerrar aqui, mas: "Amplia-o." Hebe, ou melhor, a imagem que Hebe me deixou, está marcada nessa anomalia do cabelo espetado. Uns fios indomáveis rompem o equilíbrio natural e evidenciam que, nessa naturalidade, se propagou o artifício. Adèle "se arruma" e, ao arrumar-se, consegue o contrário: se desarruma, em todos os sentidos que se queira dar ao termo. Faz isso por excesso, não por omissão: quanto mais zelo, piores serão os resultados.

Em minha imagem de Uhart estão, além da estranheza de Adèle H. ("como ficou estranha"), seu caráter decidido e sua tenacidade incomparável. Porque é fácil perceber nas crônicas de viagens de Uhart o mesmo ímpeto e a mesma falta de moderação de Adèle — que não a levaram a Marte, mas só porque ela morreu antes, na África. Desde que Uhart começou a caminhar e a escrever, nunca mais parou. E foi tão longe que virou de cabeça para baixo qualquer manual para viajantes. Quando ia passear, e desde que começou não parou mais, o passeio já não era o motivo e a razão do relato, senão que, em um giro copernicano transitado em todos os seus detalhes, foi o relato motivo e razão do passeio.

É como se acabasse de entrar em casa, ainda que fosse do céu, e Uhart já estivesse pronta para partir, "mais rápida que um bombeiro", sem lugar nem vez para nenhum sedentarismo, nem sequer o da escrita. Os destinos de suas viagens são bem posteriores a esse ímpeto: "quando tenho uma vontade", escreveu no prólogo de *De aquí para allá* (2016), "primeiro a sigo e depois me pergunto por quê". Esta sabedoria enviesada e questionadora, que tira vantagem do lado cândido da ignorância e do lado resoluto da experiência, dissipou, para Uhart, a questão medular de gênero e travessia: como viajar e escrever *ao mesmo tempo*? E fez isso do único modo que um escritor pode e deve: ajustou perspectivas, ritmos — cortes e durações — e técnicas de entonação.

As crônicas de Uhart impressionam *no presente*. Não só porque quase todas estão escritas nesse tempo verbal e em primeira pessoa, e seus personagens falam em estilo direto, mas também porque graças a essa primeira escolha, que está na plataforma de sua filosofia de viagem, Uhart consegue transmitir os dons simultâneos, sempre evasivos, do acontecimento sincrônico. Ainda que seja claro que prepara suas entrevistas e consulta bibliografia específica e regional antes de empreender um trajeto (ela não o teme, e há que agradecer a isso, nem o folclore, nem o pitoresco), toda essa matéria começa a ser formatada no ato de combinar — com graus requintados de perícia e urgência — observação, escuta, ideias, escrita e, claro, leitura. No ato, no presente solúvel e solitário de Uhart, é o leitor seu grande companheiro de rota. Há ação neste estilo e, nele próprio, uma agilidade exorbitante para passar a outra coisa, quase poderia se afirmar que "passar a outra coisa" é a índole radiante da escritora, orientada em direção ao futuro, o horizonte das mudanças multiplicando-se em lugares, possibilidades narrativas. E familiares.

Mundo Tia

Os esmeros de Adèle H. não alcançam em nada os êxitos da tia Elisa, guia de elegância e perfeição nos relatos familiares de Uhart. Uma demonstração do manual de tia Elisa: "O azul é uma cor fina. Os quadriculados em bege deixam mais magra que em vermelho"; e ainda: "ela viajava a Buenos Aires com luvas e tinha uma carteira com divisões onde não havia nada desnecessário". A prudência de Elisa, o calibre "necessário" de seu estilo alinhado, escapa e diverge do da outra tia, a tia Maria, o cabelo espetado da família, sempre "indo do castanho escuro" aos baldes d'água contra frangos e paredes.

O contrastante mundo das tias pode alegorizar a literatura de Uhart, sua precipitação em sua índole, porque elas funcionam como foco nas modulações táticas da perspectiva. Dois exemplos: a primeira pessoa bem definida de *Señorita* (1999) e a terceira tensionada de indiretos de *Mudanzas* (1995) e de "Paso del Rey" (1983). Em ambas, o sotaque sagaz da sobrinha.

Enquanto aprende, a menina narradora de *Señorita* cresce, mas as duas coisas não têm nenhuma correlação. A aprendizagem é causal e progressiva; o crescimento, ao contrário, é imotivado. Ainda que tia Elisa, prudente e organizada, ensine que "uma garota é alguém que ensaia para senhorita e uma senhorita ensaia para senhora", as pautas do amadurecimento, na verdade, não respeitam essas instruções, afinal, é impossível preparar-se para as idades da vida, elas surgem e são tão arbitrárias que até a pequena sobrinha pode tomar decisões sobre elas:

> Também observei que nem todos consideravam as idades da mesma forma: alguns davam mais oportunidade aos anos, pensavam que a juventude durava

mais e outros acreditavam que aos treze anos uma menina era uma senhorita. Eu optei pela prolongação das etapas da vida: achava que uma pessoa de quarenta anos ainda era jovem.

Maria ainda não é tia quando fica louca em *Mudanzas*. Esta obra é a pré-história da tia e a era paradoxal (como mostra *Señorita*) de sua loucura. A narração em terceira pessoa é solidária com cada personagem, e são muitos e vão chegando, mas em especial com Maria: ainda que a conjugação democratize o ponto de vista, é ela que parece guiá-lo. E por um motivo básico na saga silogística da novela familiar: se Elisa é a regra, Maria é a infração. A confeitaria do bairro do Once, em Buenos Aires, a que Maria vai com seu irmão Domingo, tem, em seu extraordinário esplendor, "muito a ensinar", tanto que Maria aprende que não voltará jamais: "Sim, a confeitaria do Once tinha muito o que ensinar, mas não voltaria nunca mais." Em "Paso del Rey" está a história da dança louca e "irrefreável" de Maria, quando tem "mais de cinquenta anos", e nela o desvio soberano das regras do Mundo-Uhart das tias. Há que escutar a voz indireta, em terceira pessoa, da sobrinha Luisa:

> Por um momento teve um forte sentimento de rejeição pela dança de sua tia, mas lhe fazia mal essa rejeição, a tia Maria teria que aprender a dançar como corresponde, uma dança mais normal, digamos; parecia vítima de algum feitiço; talvez dali em diante sua tia se tornasse uma mulher prudente e discreta; não, essa dança não podia ser sempre assim.
>
> Então Luisa, provisoriamente, a aceitou. Pensou: afinal, neste lugar, os únicos que gostamos de dançar são os bailarinos, eu e a tia Maria.

Uma volta mais, axiomática à dança de Maria, volta ao vínculo de Hebe com Adèle H. Porque já não se trata só de apontar o cabelo espetado, mas sim de afirmar, como os aceita Luisa, seus efeitos ultradissolventes. A falha indomável na arrumação "pomposa" de Adèle provoca e atesta um requerimento máximo no regime ético de Uhart: não há retorno, como já nenhum spray dominará os fios de cabelo espetados, os fios de cabelo espetados passam a dominar tudo, é o toque indefectível da identidade e a graça, e a última aspiração do desconcerto. Cito novamente Uhart: "O paradoxo é que quanto mais esquisita Adèle parece, mais aspira a ser ela mesma." Como Maria que, apesar de seus movimentos extravagantes e derrogatórios, garante seu gosto pela dança e, em consequência, sua condição total, *mas* provisória, de bailarina. Definitivamente Uhart com Adèle H: "ele tem que me amar seja qual for a maneira em que me veja, mesmo que minha aparência seja ameaçadora ou desanimadora."

O belo mundo das tias não existe sem esse ímpeto estranho em suas proporções. A estranheza do cabelo espetado coloca ao lado da literatura a evidente proporção autobiográfica. E não só pelas coincidências entre a ficção e a vida de sua autora, as linhas principais que simplesmente se podem constatar senão centralmente, porque sua arte mestra e intencional parece ser a de comprometer e, ao mesmo tempo, transtornar ambas ordens. E em todo espaço que, na escrita e na imagem performáticas de Uhart, se torna, rapidamente, espaço literário.

Dou um exemplo, agora testemunhal. Em seu livro *Las clases de Hebe Uhart* (2015), Liliana Villanueva, uma das participantes da oficina, organizou as anotações, registradas durante dez anos, em primeira pessoa (a de Hebe), para que fosse possível, como pediram os editores da casa Blatt & Ríos, escutar sua voz: "Minha tia Maria, que tinha demência — contou um dia a seus alunos, segundo as notas de Villanueva —, fazia uns discursos incompreensíveis, que eu tentava entender: 'me tiraram, a mãe, a chave, a panela', e eu pensava, como coloca a mãe no mesmo nível que a panela?". A frase da tia Maria, processada — e até onde? — pela lembrança da sobrinha, rebaixa a loucura autobiográfica ao âmbito didático, mas sem perder nem uma pitada do poder subversivo da ficção. A mãe ao início, e a panela ao final, tensionam o traço da enumeração em um mesmo e desproporcional grau vertical de perda e, em consequência, é um disparate, como o cabelo espetado, o reto, o horizontal senso comum. Porque nem mesmo a chave, o termo mediador que é, por antonomásia, o que sempre e habitualmente se perde, pode polir, em sua transição, as arestas bravas e dominantes, mas também domésticas e familiares, dessa panela final.

O congresso de literatura, ida e volta

Ieda Magri

La memoria de los otros: cuánto daría en este momento por una entrada en este espectáculo!
Juan Gabriel Vásquez

Ida

Sobrevoo a Amazônia ouvindo Diana Ross e The Supremes. Faltam duas horas e trinta minutos para chegar ao Panamá. Odeio viajar. E não dá pra viajar sem romance: fica tudo muito duro. Nove horas de voo para dar a notícia da atual literatura brasileira em vinte minutos num congresso acadêmico. Depois, mais nove horas pra voltar. O que pode atenuar essa desproporção é pensar que lá também posso ouvir doze notícias de vinte minutos sobre a literatura latino-americana. De qualquer modo, tudo deve ser com alegria. Tenho cá comigo que duas coisas terríveis me esperam no futuro: solidão e saudade. Agora, então, não é hora pra sofrer. Agora é pra ser feliz com o que se tem. E tenho tudo: o amor e a ignorância. Tudo o que alguém precisa pra continuar vivendo. Um pouco de indignação também.

Duas horas e oito minutos para o destino. O homem ao meu lado está lendo. Pesco: "e recria subjetividades antissociais, perpetua o medo e envenena as relações sociais." Que livro tão grave é esse? "Um homem livre pensa pouquíssimo na morte e sua sabedoria é uma meditação sobre a vida e sobre a morte." Não é meio contraditório? Ele sublinhou isso agora, como quem aprende. Será que pensamos todos as mesmas coisas? Vou mudar essa Diana Ross. Agora The Beatles. I'm only sleeping. O avião na tela da televisão está sobre Quito. Entre Quito e o Panamá está Bogotá. E depois, mais uma hora pra Costa Rica. Ainda não conheço o Equador. Nem a Venezuela, a Guatemala ou Santo Domingo. Ai, América Latina. Love you too. Dissonante demais para os meus ouvidos. Here, there and everywhere. Combina mais com toda essa diversidade. Vou saltar "Yellow submarine". Será que o colete salva-vidas está mesmo sob o assento?

Uma hora e cinquenta e quatro minutos para o destino. Era melhor ser o narrador sedentário do texto do Benjamin. Uma vida sem viagens. Uma horta. Os dias todos iguais. Andar no barro. Engraçado, tinha tudo isso até os 13 anos e tudo o que queria era o cinema. Um café no asfalto. Adeus às fofoqueiras de província, atual encarnação do narrador do Benjamin. Todo um moralismo de província no lugar de um presumido saber-ancião. Patrulhas, patrulhas, patrulhas. Mas tudo foi conquistado. Seria essa a viagem de volta a Ítaca? Ir pra Amecameca, viver no pé de um vulcão. E é possível viver só com tanta violência? Não seria preciso um grupo para a autoproteção? Tomorrow never knows.

Tudo está melhor sobre Bogotá. Com um rum duplo. Os aeromoços são tão bonitos. Leve turbulência e eu sem cinturón de seguridad. Dizem que depois que a gente se casa volta a gostar dos pais. Ontem recebi, gostaria de dizer uma carta, mais condizente com esse clima todo, mas foi um recadinho, um inbox, como dizem os mais jovens (Tem graça? Recebi um inbox... nem dá pra usar numa crônica). Pois é, uma amiga que não vejo e de quem não tinha notícias há 14 anos. Ela, que não mora numa cidade de barro onde se conversa com a lua porque ela é muito poderosa na escuridão, mas numa até meio próxima a isso, com o barro e o cinema ao mesmo tempo, me escreveu algumas linhas, e, dentre todas as linhas que ela me escreveu, inclusive umas terríveis, que diziam, "me dedico a cuidar de meu filho... uns probleminhas de saúde... não havia chances, mas ele ainda está conosco..."; dentre essas terríveis linhas que estão fazendo a minha viagem tão difícil, a que mais me marcou foi "ainda estou aqui, parei no tempo". E eu e todo esse desejo de barro e de lua. Esse rum está mesmo uma delícia.

Uma hora e dezessete minutos para o destino. Espero que não seja o final. Por que esta vontade de estar em outro lugar? E por que estar em um lugar equivale a parar no tempo? Meus pais pararam no tempo assim que nasceram. Lá, nada acontece além das rugas no rosto. A cada ano os sulcos afundam um pouco. Bogotá já era. Engraçado, aqui diz Santo Domingo e eu leio o passado, Santo Antonio do Pinhal. Meu pai tem Domingo no nome, Antônio Domingos. E todo domingo ele dizia: "Hoje é domingo, pede cachimbo, cachimbo é de ouro" e continuava até "caiu no buraco, buraco era fundo, acabou-se o mundo". Posso ouvir sua voz. Uma hora e oito minutos para o meu destino. Na cartinha modernosa de minha amiga havia algo como: você foi encontrar seu destino, eu estou parada no tempo. Mas isso tudo é o presente. É o buraco de agora. E o resto? Quanto tempo falta? E se a carne for mesmo triste e eu tiver lido todos os livros? Viajar já é esse tédio todo. Voltemos ao presente: esse rum é bom, os aeromoços são bonitos, já não ouço música, meus ouvidos estão bem, o homem ao meu lado não é um estranho, ele lê. O mapa anuncia que logo chegaremos, não estou parada no tempo. Minhas botas estão limpas, chegaremos ao Panamá, comeremos um bom filé, beberemos um vinho e ficaremos de mãos dadas. É, a vida é mesmo boa.

Uma hora e três minutos para o destino. E, sim: depois haverá outro destino e logo talvez mais um e mais outro. E eu vou voltar, então, também ao barro. Talvez não à horta, mas ao jardim, certamente. Será tudo inútil, não há nada, nada que se possa fazer, digo: eu + fazer? Uma recusa do mundo, por isso o barro. O projeto de sucesso pessoal parece não ter sentido. Você foi atrás do seu destino. Eu parei no tempo.

São José da Costa Rica não está no mapa do voo. A mulher ao meu lado joga paciência. Paciência é algo que eu não tenho. Não sabia que existia Porto da Espanha. Preciso conhecer a Guatemala. O rum foi foda. Quarenta e oito minutos para o destino. O que sei sobre a distribuição de água? E será que quero dedicar algum tempo a aprender?, pergunta o livro do homem ao meu lado. Ele lê sobre gestão democrática eficaz. Isso é a combinação entre existencialismo e ativismo? Será que ainda há alguma coisa interessante a ser escrita que não seja para o pó da vaidade de seu autor, como dizia João Antônio, que morreu infeliz e desconfiado de ter desaprendido a escrever? Nada é novo sob o sol, mas uns morrem, outros nascem e para quem nasce tudo é novo, me diz a Wisława Szymborska. A mulher ao meu lado tem um monte de envelopes. Quando ela foi ao banheiro, levou todos com ela. O que será tão importante? Ela já não joga. Agora olha pela janela. E vê nuvens.

Pena não ter trazido o livro do Aira, não lembro direito como era a máquina de clonagem na qual uma pequena célula humana coletada por uma supervespa microscópica reproduzia tal e qual seu espécime. Mas lembro que a experiência não deu muito certo, e, no lugar de vários Carlos Fuentes, escritores de sucesso reduzidos a celebridade por Aira, houve só uma invasão de vermes azuis gigantes que acabaram com o congresso de literatura. Que imagem! Vermes enormes, molengas, descendo de um morro e invadindo a cidade. A vespa tinha se atrapalhado um pouco e levado uma amostra da gravata de Fuentes em vez de um naquinho de pele, como sempre acontece comigo, que pesco as coisas menos importantes e tenho a impressão de que perdi a oportunidade de fazer uma descoberta enriquecedora. Esqueci de ver no programa quem serão as estrelas clonáveis desta edição do congresso. Lembro do Noé Jitrik. Deve ter celebridade que eu nem conheço.

Quarenta minutos. E o rum acabou. Logo virá o anúncio dos procedimentos de descida e vão pedir pra eu fechar a mesinha, subir o encosto da poltrona, o que quer dizer guardar meu caderno e esperar com paciência a aterrissagem. Rezando pra que não seja a última. Foram necessárias 5.609 mortes pra construir o canal do Panamá. Vinte minutos. No canal francês foram 20 mil mortes. A revista quer fazer crer que foram poucos os mortos pelo progresso no Panamá em relação com os da França. Eu penso que no número 5.609 há 5.609 vezes uma pessoa que saiu de casa sabendo que viver é perigoso e que encarar esse perigo só não é pior que não encarar esse perigo, como o único mérito de ter um trabalho ruim é estar em melhor condição do que aqueles que não têm trabalho nenhum. Dez minutos. Cara, sair de casa para morrer pra que no futuro haja o progresso? Talvez eu fique no hotel, se ele for bom, tomando banho de sol na piscina, como o sábio louco do Aira, e só apareça no congresso na hora da minha mesa. Dizem que tem um tour do café meio imperdível, um passeio ótimo aos vulcões ou então às praias paradisíacas, mas aí é mais longe, teria de ter pensado numa outra logística. O homem ao meu lado aperta forte a minha mão. Atravessamos a última nuvem.

Volta

"Los brasileños son los peores." Que essa frase — saída da boca de uma atriz bastante simpática fazendo o trabalho nada glamuroso de recepcionista de turistas no tour do café Britt na Costa Rica — pudesse soar verdadeira era uma coisa que não me passava pela cabeça. Assim: vinha e ia embora nas minhas tardes de turista no museu do Louvre ou no saguão de algum aeroporto europeu. "Los brasileños son los peores", disse a atriz quando um homem voltou do banheiro e aceitou um chocolate que ela oferecia ignorando que antes ele já havia aceitado um. Um chocolate ridículo, num tour do café ridículo que não oferecia nem um expresso pelos 37 dólares da visita, só café ralo de térmica. Mas, nesse momento, eu ainda não sabia do café ralo da térmica. Imaginava um mundo de odores e sabores e texturas capazes de tirar qualquer turista brasileiro da apatia de um quarto de hotel de São José da Costa Rica. Esqueçam o monopólio do Café Britt, chicos.

Mas vamos à verdade. Os brasileiros são os piores. Ao meu lado, no avião, um homem grande que ocupa o seu espaço e o meu e me acotovela o tempo todo. Juro que há espaço entre meus seios e o braço do homem. Não sou exatamente uma magricela, mas juro que há espaço entre as minhas coxas e as dele. Aí me vem outra verdade da passagem por Costa Rica, aparente no colega que falava no mesmo dia que eu no congresso de literatura, que chegou atrasado pra nossa mesa de debates dizendo: "yo hablo primero y usted es segunda", que colocou sua mochila de latino-americano descolado todo trabalhado no artesanato indígena sobre a minha mesa, invadindo meu caderno sem sequer se dar conta, que falou mais de uma hora seu discurso engajado sobre a diáspora negra brasileira e colombiana. Fiquei tensa com tanto tempo ocupado e me lembrei de novo do Aira e do velho conselho que "adorna o frontispício" de sua ética literária: "simplifica, hijo, simplifica". Que depois dormiu durante meus 27 minutos de leitura em português pausado, apesar de todo meu esforço em ouvi-lo num espanhol veloz, e teve de sair antes do debate: "lo siento, me tengo que ir". "No es que no puedo, es que no quiero", yo lo pensé. Escrevo encurralada entre dois braços de homens que insistem em diminuir meu espaço. Mas, sim, os brasileiros são os piores. É verdade isso porque eles são brasileiros. Nos assentos de trás, todos brasileiros. E causam muita confusão. Não é o povo do congresso, ainda bem.

O aeromoço com fala espanhola, não sei de que parte da América Latina, não tem paciência para brasileiros. Então deve ser verdade. Só pode ser verdade. Ele me ofereceu sanduíches de carne o jamón y queso. Eu disse carne. Ele me deu jamón y queso. Eu reclamei educadamente. Ele me olhou como quem diz: los brasileños son los peores. Os seis vizinhos dos bancos de trás estão brigando por causa de uma mala. Numa pausa, um homem diz: "escuta aqui: todos os free shop do mundo estão falindo. Você tem que negociar." Uma mulher diz: "a promoção era para produtos Johnnie Walker, você comprou rum El Abuelo." Ele: "tem que negociar. Eu vou até o fim. Poder de barganha."

Os brasileiros são os piores. O homem ao meu lado esquerdo, não vi a cara, só o maldito braço peludo que roça nos meus seios por mais que eu me afaste, está sobressaltado por causa da sua mala Samsonite no compartimento superior: "meus óculos! Não coloquem nada sobre a minha mala!

Ela tem que ficar de pé. Ela está de pé?" Acho que ele pode ter um ataque cardíaco por causa da Samsonite e dos óculos. E aproveita pra tomar um pouco mais do meu espaço enquanto condena a falta de educação dos vizinhos de trás. Ele é do tipo malhado. A voz é bonita, mas lembra alguém de direita. Possivelmente militar ou filho de militar, desses que acha que a situação do Brasil só pode mudar se os militares voltarem ao poder. Desses que acham que lugar de pobres cheios de malas não é o avião. É do mesmo tipo daqueles que acham que os novos ricos cheios de malas também não deveriam estar no mesmo avião que eles. Só que têm soluções diferentes para o país. Os brasileiros são os piores. Os patriotas ou os socialistas? No aeroporto, uma moça não muito jovem, mas ainda bonita — como diria Lydia Davis num de seus contos —, ou pelo menos com atitude de quem é um pouco jovem e um pouco bonita, reclamou que um velhinho estava sentado no assento dela. Ele, educadamente, levantou-se. Ela se sentou. Ela e suas duas amigas usavam cinco bancos. Eram americanas. E eu pensei: os americanos são os piores. Elas falavam e riam em inglês e usavam shorts e miniblusas e bonés. E cruzavam as pernas como as socialistas. Eu tentei entender quem era o velho. Se era um pobre velho, condenação às moças. E se fosse um conservador e rico velhinho? Talvez devesse dar mesmo lugar às ruidosas moças.

E quando entramos no avião, havia um hippie na primeira classe. O que está acontecendo com o mundo? O senhor de Brasília que mostrou sua indignação com o caso das moças no aeroporto disse: "Só podiam ser americanas" como quem diz "as americanas são as piores". E logo entabulou uma conversa: ele não gosta dos americanos, mas sua afinidade com a parte da América Latina que não gosta da outra América acaba aí. "A esquerda está há muito tempo no poder". E como despreza os americanos e as alianças com eles, logo veio a solução: sou filho de militar da época da revolução. Eu me levantei porque pra mim já é demais esse papo de revolução. Me desinteressei daquela conversa mole.

O jornal *La Nación* de hoje diz que o Brasil é o país mais forte do Mercosul. A pesquisadora da Universidade da Costa Rica, que também estava na minha mesa no congresso de literatura, disse que o que atrapalha as trocas literárias entre os países latino-americanos é que o Brasil é imperialista. E o Brasil é todo comércio e trabalha para vender pro exterior. A literatura brasileira é uma literatura feita pra dar certo. E eu digo: mas os brasileiros são os piores. E os únicos escritores brasileiros nas livrarias de São José da Costa Rica são Clarice Lispector e Paulo Coelho. Logo me vem à mente a pergunta que me assustou na primeira saída do hotel pro congresso, que, afinal, não era em São José, mas em Heredia: "por qué andas sola?" dita pelo taxista que me levava. Essa simples pergunta me fez duvidar de tudo. O que pode ser mais importante do que nos perguntarmos acerca do direito que os homens têm de nos perguntar por que andamos sozinhas de dia pela cidade? Que literatura? Que América Latina? Vermes enormes, azuis e molengas, invadindo a cidade. E por que andas sola? é quase: você não tem medo de morrer? dita mais suavemente, como um conselho: devia andar por aí com suas amigas, com seu marido, sozinha não é recomendável. E, claro, isso me lembrou da frase do texto bonito da minha amiga mais politizada: "As mulheres ainda vivas de Santa Teresa." Esse "ainda". Uma situação de morte? Uma esperança? Barganha? Os free shop de todo o mundo estão falidos. Tem que saber do poder de barganha. Estávamos numa estrada deserta, longe do hotel. Eu ainda estava viva. Não disse nada ao motorista, só cuidei do meu coração acelerado. Lembrei das covas abertas de Santa Teresa no livro *2666* e da Florita Almada no texto da minha amiga dizendo: "as mulheres ainda vivas." E pensei no capítulo anterior da parte dos crimes, quando os policiais bebem mescal e contam piadas sobre mulheres. E pensei no garçom do hotel que só aceitava os pedidos do homem que me acompanhava, apesar de ele não falar tão bem espanhol. Clarice e Paulo Coelho. E lembrei dos outros taxistas, dos brasileiros, que olham pelo retrovisor nos olhos do homem do banco de trás esperando pelo itinerário ainda que eu fosse a única ali que sabia o endereço. E lembrei do "só podia ser mulher" do trânsito de todas as cidades latino-americanas que conheço e lembrei de minha outra amiga, que agora mora no México, e que deve colocar um lenço sobre o peito ao amamentar. Ai, Macabéa. "Parei no tempo, você foi procurar seu destino."

E o aeromoço achou estranho eu pedir rum puro. Ele perguntou duas vezes: "com que? Coca-Cola, água tônica, gelo?" Aceitei a água tônica, separada. Mas rum puro não é coisa de mulher. Por que, afinal, andas sola? E lembrei do meu (então ainda) marido: "Você está se tornando um estorvo." Involuntariamente, coloquei meu dedo no nariz e comecei uma limpeza geral. Não me dei conta disso e só parei quando não tinha mais nenhuma casquinha seca. Por sorte estavam secas. Mas, quando acabei, vi o olhar de reprovação dos dois homens ao meu lado. As brasileiras são as piores.

Conheci Juan Gabriel Vásquez no congresso de literatura, e uma passagem de *Las reputaciones*, lido em poucas horas, trancada no quarto do hotel, não me sai da cabeça. Javier Mallarino, famoso e combativo cartunista colombiano, todas as manhãs fica algumas horas no banheiro: caga e toma banho (ele não diz faço cocô e tomo banho como conviria a mim, mas cago e tomo banho) antes de desenhar, e esse ritual de purificação é capaz de limpar sua cabeça "de la basura acumulada al día anterior, de todas las críticas que pretendían ser inteligentes y sólo eran resentidas". O livro, de certa forma, também fazia a pergunta "por qué andas sola?" para uma adolescente ignorante de seu passado de menina talvez — e nesse talvez é que se equilibra o livro — talvez molestada por um jornalista enquanto dormia e seu pai recém-divorciado dava uma festa em sua casa. Mas de tudo, o que ganhou relevo, talvez por estar com a crítica literária na cabeça, com restos de textos ouvidos e debatidos, por passar a semana pensando na tarefa da crítica, nos modos de ler em disputa, mas também na quantidade de "basura" ouvida e lida e debatida, nas posturas autoritárias de participantes que defendiam o contrário em seus textos, o que me piscou com o rabo do olho foi essa passagem. Quantas vezes escrevi com a caneta do ressentimento? Quantas linhas deste texto?

Afinal, fui ao congresso pra procurar saber por que são possíveis frases como estas ditas por todos os gêneros, classes ou países: "por qué andas sola?" e "os outros são os piores" e que é preciso em todas as horas não descuidar da pergunta sobre a inteligência e o ressentimento? E se os piores formos nós, mesmo? Vermes enormes... azuis... a volta é a volta é a volta. Fui descansada pensando que, afinal, não estava sola e que isso era bom, mas voltei fazendo a trilha do estar sola, sem me perguntar o porquê, sem entender também se isso se dava numa exigência inteligente ou se isso precisaria acontecer porque era ressentimento. Estar sola, voltar ao barro, chafurdar na lama, ler sozinha por horas a fio numa rede, ficar ali, virar mofo ou pedra ou bicho.

Ainda bem que são raros os bons congressos de literatura.

Confissões de um astrólogo cético

Gustavo Naves Franco

I

Figulus, o oleiro. Assim ficou ironicamente conhecido o filósofo romano que, no século I A.C., elaborou a mais célebre resposta para a questão dos irmãos gêmeos na astrologia. O problema frequenta as discussões entre crédulos e céticos até hoje: se a posição dos astros no instante exato do nascimento de um indivíduo traz indícios de seu comportamento e de seu destino, como se explicam as enormes diferenças de personalidade entre duas pessoas com praticamente o mesmo mapa astrológico natal? Em defesa da prática de interpretação desses mapas, Publius Nigidius Figulus propôs a imagem de um torno de cerâmica girando em alta velocidade, no qual fossem aplicadas duas marcas sucessivas pela mão do ceramista, como que no mesmo lugar. Quando a roda parasse de girar, perceberíamos o quão afastadas elas estariam. Conclusão: as coisas no universo se movem tão rapidamente, que mesmo os poucos minutos ou segundos que separam o nascimento de gêmeos são suficientes para que se tornem pessoas bastante distintas.

Há algo nessa história que me faz sentir as vertigens do universo sem referências fixas da Teoria da Relatividade. Ela também remete aos números astronômicos das velocidades pelas quais os objetos celestes de fato se movimentam através do cosmos (a Terra, por exemplo, move-se ao redor do Sol em uma velocidade de 30 quilômetros por segundo, enquanto nosso sistema solar em conjunto gira em torno do centro da Via Láctea a 828.000 km/h). Mas a metáfora não ficou conhecida exatamente por ter antecipado descobertas astrofísicas, e sim por sua defesa inepta de uma prática sem bases científicas, que ela termina por desqualificar ainda mais sob esse ponto de vista.

Pois, como observou Santo Agostinho no Livro III de *A cidade de Deus*, se os astrólogos presumem que há tamanhas *diferenças* entre as circunstâncias astrais do nascimento de irmãos gêmeos, como eles podem afirmar qualquer tipo de *semelhança* quando se trata de duas pessoas com horários e locais de nascimento ainda mais díspares e afastados?

A dúvida agostiniana permanece sem resposta, e a questão dos gêmeos segue sendo motivo de constrangimento para a astrologia, mesmo em suas expressões mais esclarecidas. Em uma delas, defende-se a ideia de que o mapa astrológico natal é uma espécie de partitura que cada um de nós pode interpretar como quiser no piano de sua existência; uma dificuldade semelhante pode ser levantada nesse caso. Aliás, ao que parece, sempre que os astrólogos são instados a explicar suas inconsistências, acabam se enrolando ainda mais nos próprios argumentos. Outro caso sintomático é o do debate sobre a mudança de posição das galáxias em relação à Terra nos últimos milênios, a partir do momento em que ficaram definidos os doze signos do zodíaco, mais ou menos na mesma época de Figulus.

Qualquer um que já tenha se dedicado a ocupar um lado ou outro da contenda deve conhecer bem esse impasse. Agora, se você já fez isso do lado dos astrólogos, *defendendo* os astrólogos, é possível que você tenha se deparado com as mais embaraçosas surpresas. É o meu caso. Foi somente assim — como um simpatizante da astrologia em busca de dados para sustentar minhas posições — que tomei nota de um fato um tanto óbvio, mas que parece ter o curioso poder de passar desapercebido tanto para os advogados quanto para acusadores da chamada pseudociência. Os doze signos do zodíaco fazem referência a constelações, mas de maneira alguma estão fisicamente associados a elas, a não ser de modo aproximado e incerto. Eles correspondem a uma subdivisão do elíptico solar em doze regiões equânimes, algebricamente fracionadas, com trinta graus para cada signo, o que de maneira alguma acontece com as constelações que lhes deram os nomes.

O engraçado disso é que o próprio argumento antiastrologia da "mudança de posição das constelações em relação à Terra" deixa de fazer sentido. Desse ponto de vista, a coisa toda nunca fez sentido algum, pelo menos na tradição astrológica ocidental, a partir da matriz grega. Na Babilônia, a propósito, embora o método da divisão equânime fosse adotado, ainda havia alguma relação mais direta com a posição das estrelas (era usado o zodíaco sideral, que permanece vigente na Índia). Já Ptolomeu, o pai da astrologia no Ocidente, optou por vincular o início da roda zodiacal às estações do ano, fazendo com que o primeiro dia do signo de Áries coincidisse sempre com o início da primavera no hemisfério norte (zodíaco tropical), e não com a posição da constelação de Áries no céu, escancarando ainda mais tudo o que há de aparentemente arbitrário nos fundamentos da prática astrológica.

E, no entanto, continuamos praticando. Eu pelo menos continuo (*eppur se mueve,* teria murmurado Galileu, após admitir em voz alta diante da Inquisição que a Terra era o centro imóvel do universo; *sorry,* não resisti à apropriação). Ou seja, faço mapa astral e me dedico a analisar e a interpretar os mapas que faço; essa é a primeira confissão que tenho a fazer. Não sou exatamente um profissional, mas creio que posso me considerar um astrólogo, pelo menos desde que passei a ser conhecido, ao menos por pessoas mais próximas, por esse título. Embora minha quilometragem seja pouca, é o suficiente para que eu tenha me surpreendido repetidas vezes com a pertinência das técnicas e símbolos astrológicos para descrever comportamentos ou prever acontecimentos na vida das pessoas. Na minha, então, nem se fala.

E continuo me surpreendendo, como aliás deve ter ficado claro pela exposição anterior. A eficácia da astrologia é um escândalo com o qual convivo diariamente. Mas aprendi a conviver com esse paradoxo, e não perco mais meu tempo buscando argumentos científicos para justificar minha prática diante de seus detratores. Confesso que já tentei de tudo: desde "seu corpo é setenta por cento água, a Lua interfere nele do mesmo jeito que mexe com o fluxo das marés", até a descrição da dinâmica dos fractais e outras coisas estranhas que na verdade não entendo direito. Minhas alegações às vezes são suficientes para que meus interlocutores fiquem perdidos ou perplexos; às vezes, eu apelo para um semblante condescendente e esotérico. Mas o bom senso em que baseiam suas posições resiste em ceder. O meu também, tenho que admitir. Posso ter confundido algumas mentes, mas nunca consegui convencer nem a mim mesmo.

Resultado: faço mapa astral e tudo, mas, cá entre nós — essa é minha segunda confissão —, não acredito na astrologia tanto assim. Sou capaz de ficar especulando durante horas sobre os efeitos que um Plutão na casa doze em quadratura com Vênus na nove pode ter na vida de uma pessoa, mas, se me perguntarem, sou capaz também de dizer que não levo a sério esse negócio de signo. É verdade que levo muito pouca coisa a sério, porque tenho a Lua em Gêmeos, mas nem por isso minha situação deixa de ser estranha. É um pouco como o que disse o próprio Santo Agostinho sobre o tempo ("se não me perguntam, sei o que é, se indagam, deixo de saber").

Pois bem: sobre astrologia, se me perguntam, eu paro, penso e digo que não, de jeito nenhum, não tem como isso ter qualquer base. Agora, se não me perguntam, sigo fazendo meus mapas, e eles seguem fazendo sentido, só não me peçam para explicar por quê.

II

Ou melhor, peçam sim. Tenho Marte em Capricórnio, então é difícil que eu me envolva numa discussão, mas, quando começo, não largo o osso assim tão fácil. Para a pessoa dizer algo como "não acredito em bruxas, mas que elas existem, existem", e deixar as coisas por isso mesmo, ela precisa ter no mínimo um Sol em Libra; para ela conseguir formular uma sentença tão paradoxalmente precisa, equacionando com exatidão cirúrgica duas afirmações aparentemente antagônicas, ela provavelmente teria Mercúrio e Marte em Libra também. Miguel de Cervantes, o autor da frase, tinha isso tudo, além de um trígono bastante exato entre Saturno e Netuno no mapa, o que talvez esteja relacionado à história de um fidalgo que vive no limiar entre o sonho e a realidade. Não que eu acredite na astrologia como um substituto para a crítica literária, é claro.

Mas os librianos, vamos combinar, são mesmo sempre muito astutos na hora de usar a retórica para fazer equilibrar os pratos da balança. Ou pelo menos isso é algo que aprendem com o tempo. "*Não acredito em bruxas, mas que elas existem, existem*" está longe de ser uma composição feita de frases excludentes, que não poderiam conviver sem o sacrifício de um dos enunciados; elas tratam de dois assuntos diferentes, um deles relacionado à crença, o outro à experiência. Ou seja, uma coisa é o sistema de convicções e valores que emoldura a realidade onde entendo viver, e me informa de antemão o que pode fazer parte dessa realidade, indicando aquilo em que acredito por força de princípios organizadores do mundo. Outra coisa são as observações de fatos e fenômenos incríveis que acontecem no interior dessa moldura, sem necessariamente rompê-la, mas tampouco deixando-se apagar pela mera falta de uma explicação para sua existência.

Assim, embora destituída de fundamento científico, a prática da astrologia pode ter eficácia por razões que a razão desconhece, e talvez não venham a ser esclarecidas tão cedo, talvez não sejam esclarecidas nunca. Suas afirmações são peças que não se encaixam no nosso modelo de realidade, mas isso não desqualifica nem a astrologia, nem o modelo, desde que ele aceite não ser a única e definitiva instância de determinação daquilo que *existe*. O filósofo inglês Alfred North Whitehead imaginou o universo como um processo cuja evolução pode sempre oferecer novos elementos imprevistos, capazes de ampliar nossa percepção do seu campo de possibilidades, de modo a desvelar a coerência daquilo que parecia desconexo (ou mesmo impossível) enquanto esta parcela da realidade estava oculta. Contra as chamadas "exclusões da inconsistência", Whitehead ofereceu sua filosofia da complexidade.

Para ilustrar esse raciocínio, podemos dizer que a civilização ocidental moderna concebeu o universo como uma pintura renascentista, onde todos os componentes da imagem deveriam estar em mútua harmonia, sob um princípio unificador coerente, que, por sua vez, viríamos a conhecer por meio do estudo da obra já acabada. Nesse universo, simplesmente não havia lugar para o inexplicável. Já quando adentramos o universo segundo Whitehead, nossa experiência se parece mais com a de acompanhar uma série sem final à vista, cujo roteiro vai sendo escrito e conhecido apenas com a sucessão dos episódios e temporadas. Talvez aquilo que no primeiro episódio não faz sentido algum venha a ser explicado no décimo; talvez aquilo que, na segunda temporada, parece inconsistente com o conjunto da trama se torne perfeitamente encaixado nela na temporada posterior, enquanto surge outro componente estranho, e assim por diante.

Estamos tratando de uma consciência potencialmente inclusiva e da possibilidade de alcançarmos um espectro cada vez maior do real, mas sem necessariamente abandonar as certezas alcançadas dentro dos limites de um determinado sistema de pensamento. Caso haja uma evolução desse sistema, com mais conhecimento das complexas interações em curso ao nosso redor, torna-se possível conceber o até então inconcebível, mas grande parte das afirmações consolidadas mantém sua pertinência. Enfatizo esse ponto porque algumas más línguas da internet (sobretudo as más línguas oportunistas) insistem em dizer que a astrologia e o terraplanismo se equivalem, aproveitando-se da conjuntura sociocultural brasileira para colocar os astrólogos no mesmo balaio de um outro tipo de gente doida, que eu prefiro ver de longe. De modo que peço: podem me chamar de maluco dos signos, por mim tudo bem. Mas, por favor: terraplanista, não.

E reparem: "a Terra é redonda" e "a Terra é plana" são afirmações excludentes; "ontem foi o solstício de inverno" e "ontem o Sol ingressou em Câncer", não. No primeiro caso, ambas as afirmações disputam a validade dentro do sistema vigente, e é possível arbitrar com facilidade em favor de uma delas, segundo os parâmetros desse sistema. No segundo, as afirmações podem coexistir. Evidentemente, ficam ainda sob escrutínio as conclusões que os astrólogos pretendem extrair dos trânsitos solares nesse seu esquema simbólico, e preserva-se a dúvida a respeito da pertinência do uso de sua linguagem para tratar de fenômenos que a ultrapassam; ou seja, nada disso explica por que a astrologia funciona. O que temos é um cosmos em que ela *poderia* funcionar, em que sua existência não está negada de antemão por princípios reguladores imutáveis e conhecidos. Mas é bastante coisa, sobretudo quando temos notícia dos esforços que já foram empreendidos no sentido de encaixá-la nesses princípios, na medida em que eram considerados os únicos legitimadores do saber.

O histórico de experimentos feitos para tentar comprovar a cientificidade da astrologia daria inclusive material para uma boa série dramática ou documental, com um desfecho trágico de um de seus mais importantes episódios. Nele, o psicólogo francês Michel Gauquelin, autor de *L'influence des astres*, obtém alguns resultados positivos ao aplicar rigorosos métodos estatísticos em uma pesquisa com o uso de mapas astrais. Mas todos os testes subsequentes apontam para a falta de qualquer conexão entre os mapas e as pessoas a quem se referem. Gauquelin se mata no final da história, em 1991, e as circunstâncias do suicídio não ficam totalmente explicadas; há indícios de que as recorrentes frustrações com suas pesquisas possam ter levado ao gesto extremo.

Esse é apenas um exemplo entre várias tramas correlatas, envolvendo o desejo dos astrólogos de ver sua prática legitimada aos olhos da comunidade acadêmica ou para o público cético em geral. Quem quiser encontrar outros, pode recorrer aos livros *A scheme of heaven: the history of astrology and the search for our destiny in data*, de Alexander Boxer, e *Moment of astrology: origins in divination*, de Geoffrey Cornelius. Recomendo particularmente este último: Cornelius desenvolve seu argumento invocando paralelamente toda uma tradição da astrologia como arte oracular e divinatória, e oferecendo argumentos para que essa alternativa não seja desconsiderada, inclusive pelo leitor mais reticente.

Já em *Cosmos, chaosmos and astrology*, de Bernadette Brady, o leitor encontrará algumas especulações a respeito de uma possível redefinição da natureza da astrologia à luz das teorias da complexidade que vieram no encalço do pensamento de A. N. Whitehead. No sentido inverso, quem quiser entender como nosso paradigma científico ocidental encontrou condições para se tornar um enquadramento exclusivista do real deve recorrer à obra do sociólogo alemão Max Weber. Nela, fica demonstrado como o *desencantamento do mundo* acontece em consonância com movimentos culturais em direção ao monoteísmo, na medida em que toda e qualquer manifestação do sagrado fica associada a uma divindade única e separada deste mundo, de maneira que ele, o mundo, é destituído das forças em conflito que tradicionalmente o atravessam. Esse processo de desencantamento, por sua vez, é fundamental para que a ciência moderna possa se estabelecer.

Nossa racionalidade teria, portanto, um inesperado vínculo de raiz com a crença feroz em um único Deus onipotente. Mas faz sentido que a mecânica causalista newtoniana tenha surgido no lastro da imagem de um todo-poderoso relojoeiro, criador de universo-máquina, livre da ação demoníaca dos antigos deuses pagãos, onde todas as peças se encaixam perfeitamente. Como depreendemos das conclusões de sua famosa conferência intitulada *A ciência como vocação*, de 1919, Weber defendia as conquistas desse desenvolvimento pedindo aos jovens cientistas que se mantivessem firmes, intransigentes e até mesmo obstinados em sua dedicação à ciência, apesar das distrações oferecidas pelos antigos deuses, quando o edifício erguido pela modernidade europeia, a partir do Renascimento, começava a dar mostras de fragilidade. O final do texto é um verdadeiro hino à teimosia. Taurino ele, o Weber, né? Típico.

III

A essa altura, acho que tem gente aí se perguntando: mas espera, como é que esse sujeito espera que a gente leve a astrologia a sério, se ele mesmo não para de fazer piadinhas ordinárias com os signos das pessoas? Como ele pretende defender a astrologia e ridicularizá-la ao mesmo tempo? Bom, quanto a isso, a meu favor, tenho duas coisas a dizer. Um: como disse antes, de fato não levo a astrologia tão "a sério", sobretudo se a seriedade for compreendida como uma atitude exclusivista e unilateral, que nos impeça de ver o lado cômico que existe em praticamente tudo o que diz respeito à existência do ser humano nesse mundo louco. É verdade que os detratores da astrologia já costumam vê-la como algo risível, e que estou aqui a defendê-la das piadinhas sacanas que geralmente surgem nesse contexto, mas não é por isso que vou perder a chance de continuar achando graça em algo que ocupa uma parte tão importante da minha vida e de meus interesses. O que nos leva ao segundo ponto: tenho uma admiração que é quase reverência por respeitabilíssimos astrólogos e astrólogas, e nunca me senti desautorizado por eles a tratar do assunto com toques de humor e esculhambação.

Então, nesse ponto, tenho que abrir o jogo com vocês. Quando, lá no começo, eu disse que "confessava" ser um astrólogo, isso era apenas uma concessão a um ambiente cultural e intelectual onde o título é usado com frequência como motivo de chacota e menosprezo. A declaração autodepreciativa fez parte de uma estratégia para tentar reter a atenção de um público que trata a astrologia como um passatempo até aceitável, mas indigno de aparecer nas páginas principais das publicações mais reconhecidas e respeitáveis. Eu estava me disfarçando de astrólogo envergonhado. De modo que posso, enfim, afirmar: sou astrólogo com orgulho.

Também são astrólogos alguns dos estudiosos que citei agora há pouco, embora tenha omitido essa informação antes. Geoffrey Cornelius e Bernadette Brady integram um grupo heterogêneo que se dedica tanto à pesquisa da história da astrologia e das técnicas astrológicas quanto à prática cotidiana de leitura ou interpretação de mapas. Alguns são acadêmicos ou intelectuais, alguns são psicólogos, mas muitos se definem basicamente como astrólogos mesmo. Nesses casos, com frequência, suas publicações compartilham procedimentos para análise de horóscopos sem perder muito tempo se perguntando os últimos porquês de sua eficácia.

Em parte, isso se deve a uma sensação que todos nós que praticamos a astrologia já experimentamos: algo como "isso aqui é útil demais para a gente simplesmente ignorar porque não temos ainda uma explicação". O médico e psicólogo suíço C. G. Jung disse basicamente isso quando, ao escrever um prefácio para uma edição inglesa do *I Ching*, confessou ter usado o oráculo chinês e outros instrumentos divinatórios como a astrologia em diversas ocasiões ao tratar de seus pacientes, embora muitas vezes tivesse evitado o assunto para preservar sua imagem pública. "Minha atitude diante de tais fatos é pragmática", Jung escreveu no texto de 1948. "O lado irracional da vida ensinou-me a não rejeitar o que quer que seja, mesmo que isso vá de encontro a todas as nossas teorias (aliás de vida tão curta) ou pareça, por outro lado, momentaneamente inexplicável" (trad. Mateus Ramalho Rocha, em *Psicologia e religião oriental*).

Assim, a maior parte do conhecimento que temos da astrologia surgiu e continua surgindo do exercício pragmático do aconselhamento e da escuta, e sou infinitamente grato a todas as pessoas que contribuíram para desenvolvê-lo e consolidá-lo. A maior parte são anônimos que fizeram um trabalho silencioso em seus consultórios, para não falar dos que viveram de arriscar prognósticos rápidos em tendas improvisadas ou à beira de rodovias, com mínimos recursos tecnológicos e apostando alto em seus recursos intuitivos. Há também muitos e incansáveis amadores que, na calada das noites, se dedicaram à experimentação com os signos astrológicos. Uma boa representante desse tipo é a excêntrica e adorável protagonista de *Sobre os Ossos dos Mortos*, romance da escritora polonesa Olga Tokarczuk, premiada com o Nobel de Literatura em 2018.

Naturalmente, alguns nomes profissionais também se destacam. A lista de especialistas que eu gostaria de mencionar seria muito exaustiva, mas quero ao menos fazer o registro de dois nomes que se encontram em extremos no que se refere a seu conhecimento pelo grande público. Um deles é o da Cal Garrison, autora de *The lunar gospel*, que me estimulou a dar início à prática, após alguns atendimentos que se desdobraram em conversas e orientações. O outro é do protagonista do documentário *Ligue Djá: o lendário Walter Mercado*, produção de 2020 da Netflix, onde muitos vão reconhecer a voz de um recorrente comercial de TV dos anos 1980. Admito que o assisti totalmente fascinado com a biografia de Mercado, e me encontrei sem qualquer recurso para fazer um julgamento moral de suas práticas suspeitas. Uma coisa que aprendi sobre a vocação é isto: quando você descobre uma, fica sujeito a certo encanto mesmo com os exemplares mais anedóticos do ofício. Weber não chega a dizer isso, mas devia ter dito: um jovem com vocação para a sociologia deve saber admirar tanto Karl Marx e Émile Durkheim quanto aquele professor pirado do segundo ano.

De modo que esse texto é também uma espécie de tributo; há certa solenidade em suas motivações. Mas uma coisa que me chama muito a atenção no comportamento dos astrólogos que mais admiro é justamente como são capazes de manter a leveza e o bom humor, inclusive com os próprios erros de leitura e interpretação de horóscopos. Não estou me referindo ao riso defensivo que é às vezes usado para desconsiderar uma crítica, nem à ostentação de uma falsa leveza que evidencia um exaustivo desprazer com a vida, tão comum em círculos esotéricos quanto em outros círculos. Trata-se de uma hilaridade de base e de fundo, que convive bem com a gravidade dos temas que podem surgir numa consulta, e que às vezes só se mostra através de uma discreta centelha no olhar.

É como se uma prontidão para apreender o aspecto cômico das coisas fizesse parte de seu ofício; é como se tivessem desenvolvido toda uma visão de mundo que trouxesse junto esse temperamento zombeteiro. Tem também o fato de que você será um astrólogo rancoroso se não entender o que existe de risível na sua prática aos olhos de muita gente. As pessoas riem quando a gente fala que vai numa convenção de astrologia, por exemplo, e, na minha opinião, têm mais é que rir mesmo; sou bem capaz de entender onde está a graça na imagem de um punhado de astrólogos reunidos para discutir o papel das declinações planetárias em mapas eletivos ou algo parecido. Se é que é isso que as pessoas imaginam que seja uma convenção de astrologia. Talvez elas pensem em algo ainda mais caricato ou surreal.

Quem sou eu para lhes tirar a razão. Nunca fui de fato a uma convenção de astrólogos; quando disse que ia, era só para testar as reações mesmo. Mas, a julgar por registros disponíveis na rede, esses eventos podem ser interessantes também, sem deixarem de ter o delicioso aspecto de um grande encontro de gente meio doida que ama o que faz e quer pensar a respeito, mesmo sem que existam recursos públicos para fomentar a pesquisa em astrologia e a realização deste tipo de congresso. Recomendo uma palestra intitulada "Astrology, morality and ethics", proferida por Robert Hand durante a Northwest Astrological Conference (Norwac) de 2007. O ponto de partida são justamente as questões colocadas à prática astrológica pela falta de associações normativas, códigos de conduta compartilhados e lastro institucional consistente. Mas, na sequência, ele elabora uma belíssima justificação da astrologia em uma perspectiva filosófica. Está em inglês, mas com legendas que ajudam a entender, e a tal centelha no olhar não requer nenhuma tradução.

Hand é também um dos responsáveis pelo sucesso da página Astrodienst (ou astro.com), pioneira no uso da internet para a oferta de serviços astrológicos confiáveis, o que tem feito uma enorme diferença na divulgação do saber astrológico. Foi criada pela astróloga Liz Greene, que é também uma excelente escritora. Aliás, alguns de seus textos são tão bem executados que acho que qualquer dúvida que eu ainda tivesse quanto à astrologia ficaria resolvida ao conhecer sua obra. Recomendo em especial as conferências incluídas nos quatro volumes dos *Seminars in psychological astrology*. Nas transcrições dos debates subsequentes transparecem uma sagacidade tão sensata e uma sensibilidade tão inteligente, que me imagino convencido da existência de unicórnios alados se ela afirmasse tê-los visto.

É um pouco como disse uma vez Caetano Veloso: "Eu não acredito em Deus, mas o Gil acredita, e eu acredito no Gil." Então. Mesmo que eu não acreditasse na astrologia, acho que ia continuar acreditando na Liz Greene. O engraçado é que ela própria às vezes parece duvidar dos unicórnios que andou vendo por aí, e podemos contar com sua rigorosa autocrítica virginiana para saber que o relatado em seus textos é apenas aquilo que passou pelo crivo dessa resistência. Às vezes, dá para sentir um tom de divertida resignação na maneira como ela os descreve. Mas Virgem nunca deixa de lado a objetividade em sua visão de mundo. Tem horas em que ela simplesmente descreve os unicórnios mesmo. Porque eles existem.

IV

No entanto, sei que preciso oferecer algo mais em termos de justificação da astrologia aqui neste ensaio. É uma espécie de compromisso que assumi com o leitor, no mesmo instante em que declarei meu ceticismo quanto à eventual explicação científica dos conhecimentos astrológicos. Estava implicado aí que, de algum outro modo, deve ser possível defendê-los, e não apenas alegando uma base na prática e na experiência de vida ou na autoridade de dois ou três nomes (ainda que incluindo o Gilberto Gil). Creio ter indicado alternativas nesse sentido, mas é verdade que não desenvolvi nenhuma delas, nem acrescentei meu próprio argumento. E acredito que tenho um argumento, ou pelo menos algo a acrescentar a outros argumentos, ainda que seja apenas uma observação rápida, que, de certa forma, já apareceu aqui e ali nos parágrafos anteriores.

Em resumo, tenho um ponto. Ele pode parecer meio bobo, ele pode parecer até risível, mas é exatamente esse o ponto. Signo é um assunto engraçado. Sim, signo é um assunto engraçado; e o mais curioso disso é que signo é *sempre* um assunto engraçado; mesmo quando a gente conversa de astrologia a sério, a gente fala do assunto meio que rindo. Inclusive astrólogos experimentados, em consultas e debates profissionais, diante de questões muito complexas, parecem nunca perder aquele ar desconcertado, entre o divertido e o perplexo, que acompanha a recorrência do espanto em seu ofício. O que está em ação aí é o estremecimento que toda afirmação astrológica (incluindo as mais acertadas, talvez sobretudo essas) causa nas estruturas em que acreditamos viver nossas vidas e com as quais nosso cotidiano adquire alguma previsibilidade. Curiosamente, portanto, a astrologia implica uma incerteza que suas previsões mais certeiras só fazem por aumentar.

O riso que emerge nos assuntos astrológicos é, contudo, ao mesmo tempo um riso de estranheza e de reconhecimento: ele entende como é engraçada essa nossa pretensão de estarmos no controle, mas percebe o indício de um encontro possível com outra lógica de concatenação das coisas no cosmos, em que a música toma o lugar da máquina. Nosso papel nessa dança (que não conduzimos sozinhos, mas que tampouco se impõe sem nossa participação) é o que está em jogo em uma consulta astrológica. Por isso, com frequência, existe um momento na consulta em que a pessoa que chegou ali aflita, sem saber bem o que esperar, mas aguardando algum tipo de notícia sobre seu futuro, se dá conta de que a informação mais importante que está recebendo é sobre o presente. Ela entende que faz parte do todo. Que sua pequena vida acompanha esse imenso baile e é uma manifestação dele inteiro. Nesse instante, às vezes cai uma lágrima. No entanto, muitas vezes, a pessoa ri, um pouco de nervoso, um pouco de alegria, um tanto pela libertação provisória de uma ansiedade existencial que de repente deixa de existir.

Isso para não falar das anedotas e piadas e memes que a astrologia fornece ao mundo de maneira ininterrupta. Nesse caso, é claro, contribui a maneira como os doze arquétipos do zodíaco facilmente se convertem em estereótipos, mas acredito que também aí existe algo além de mera zoeira com as patetices de cada signo. Pois é escandalosamente comum que as pessoas se identifiquem com essas caricaturas. Assim, acredito que mesmo a mais despretensiosa tirada sobre a impaciência de Áries carrega consigo uma dimensão mítica, remetendo a uma memória compartilhada, que faz com que o cósmico e o cotidiano encontrem aí um ponto de consonância, mesmo quando a gente sabe que as premissas dessa relação são arbitrárias.

Em resumo, portanto: capricornianos são responsáveis e meio chatos, piscianos são mesmo distraídos, aquarianos são esquisitos. Escorpião é cheio de mistérios, Libra não sabe se casa ou compra uma bicicleta, e Câncer quer que você leve um casaquinho. É infinitamente divertido que isso seja assim — mas, na minha opinião, o que nos entretém nessas bobagens é também a imensa dissonância entre o aspecto prosaico da comédia zodiacal e tudo aquilo que num só golpe ela questiona e propõe quanto à nossa concepção do universo. Se toda brincadeira tem um fundo de verdade, nosso hábito de botar a culpa no signo parece estar no proscênio de um cenário muito maior do que dá a entender. E ainda tem a virtude de nos fazer esquecer isso.

Sigmund Freud, em *O chiste e sua relação com o inconsciente*, de 1905, classificou como "chistes céticos" aqueles que "atacam não apenas uma pessoa ou uma instituição, mas a segurança de nosso próprio conhecimento, que é um de nossos bens especulativos" (tradução de Fernando Costa Mattos e Paulo César de Souza). Ainda segundo Freud, o chiste seria um fenômeno em que, como nos sonhos, o inconsciente encontra formas de burlar as inibições da consciência desperta para emergir na superfície. É disso que estou falando. Tem apropriação indevida aqui também, porque Freud não era exatamente um fã da astrologia e de outras práticas "ocultistas" de seu mais famoso e desgarrado discípulo. Mas Freud tinha a Lua em Gêmeos e o ascendente em Escorpião, e aí fica muito difícil não fazer uma relação entre seu mapa astral e o fato de ele ter descoberto uma via de acesso às profundezas da psique através de uma coleção de ditos espirituosos.

É verdade que, se deixar, a gente fica o tempo todo fazendo relação de tudo com tudo, explicando cada detalhe da vida das pessoas e dos eventos do mundo através de conjunções e aspectos planetários. Mas também por isso o humor e a astrologia devem andar sempre juntos. Pois, como notou o também psicólogo James Hillman, os antídotos para os delírios paranoicos estão na poesia, no riso e na dúvida (cf. *Paranoia*, trad. Gustavo Barcellos). A própria ciência ocidental moderna se torna uma "desordem de significado" quando crê explicar todas as relações entre as coisas através de um determinismo causalista capaz de abarcar todos os fenômenos. Por isso, é necessário desconfiar de astrólogos que se levam muito a sério. Eles acham que redescobriram essa explicação total por outros meios.

Sabe-se, enfim, que, entre as discordâncias entre Freud e Jung, estava a defesa do primeiro de que o inconsciente se limita a um repositório de experiências e memórias pessoais, enquanto o segundo o considerava transcendente à biografia de um indivíduo, contendo informações de espectros mais amplos de uma comunidade ou mesmo da humanidade inteira. Infelizmente, Jung não chegou a escrever algo como *O chiste e sua relação com o inconsciente coletivo*, mas, se o tivesse feito, é bem possível que o chiste astrológico tivesse um papel central na teoria. E assim meu ponto estaria completo, pois ele presume que, sempre que fazemos piada com os signos (por mais previsíveis e repetidas que elas possam ser), estamos também apontando para o magnífico absurdo de um universo onde isso é possível. E esse é o universo onde vivemos. Mas não que eu tenha a pretensão de explicá-lo, ou acredite que ele tenha ou venha a ter um dia qualquer explicação final — pela ciência, pela astrologia ou por Jung. Sejamos céticos. É justamente aí que está a graça.

Exercício para melhorar o meu diário

Felipe Charbel

Meio do mato, no Sítio das Águas. Dormi mal, levantei tarde, fiz um café e pedi licença para me ausentar da casa: não estava aguentando o falatório, a algazarra que só dá trégua quando o último bêbado vai dormir. É a primeira viagem que faço com minha namorada e os amigos dela. São poucos meses juntos, é só o começo — e começar é fazer todo tipo de concessão ao inesperado. Acontece que não gosto de viajar em grupo. Não gosto de grupos. Desconfio que só quis vir por um motivo interesseiro: achei que era uma boa ocasião para ensaiar a melhora do meu diário, que anda maçante, uma ladainha.

"Confio em você porque gosto de você", eu teria dito se soubesse expressar meu afeto. "Se você diz que vai ser bom eu acredito que vai ser bom, me esforço para acreditar, mesmo tendo clareza a essa altura da vida — a barba ficando branca — que dividir o banheiro com mais cinco pessoas, andar em bando e pensar com a cabeça do grupo são atividades que entram em conflito com os alicerces sobre os quais, nos últimos vinte anos, estruturei cada um dos meus dias: a misantropia e o solipsismo."

Pessoa insuportável = caderno insuportável.

Desço para dar uma volta, reconhecer terreno. Avisto um banquinho verde, desses antigos, banco de praça que alguém colocou de frente para um lago de águas barrentas. É um cantinho aprazível e o banco me convém: parece adequado à ginástica do ver e do ouvir, ao exercício da inércia, à tonificação do meu caderno.

Chove, começou a chover no exato momento em que minha caneta fez um clique e anotei "meio do mato, no Sítio das Águas". Não passam de umas gotinhas raquíticas, espaçadas, e, no entanto, elas me desconcentram: percebo que minha atenção se divide, oscilando entre o desejo de ficar imóvel e os cuidados com o caderno espiralado e de folhas muito flácidas (escolha horrível). Vem um pé-d'água, abro o guarda-chuva, apoio o caderno sobre as pernas — é uma posição incômoda e acabo me molhando, a cena deve ser patética para quem observa lá da casa (espero que ninguém).

Palavras que "vêm de dentro", num frenesi: sintoma de um caderno enfermiço.

O que Barthes chamou de "doença do diário": viver por escrito, a obra no lugar da vida, isso para não falar do nutrimento de outras moléstias, a paralisia. Sintomas do *meu* caderno: mesmice, olhar viciado, negligência com o instante, sentido de obrigação se sobrepondo ao de urgência.

Arranco uma folha do caderno, seco o banquinho. Não sei se o lago de águas barrentas tem um nome, ninguém deve ter se dado ao trabalho. De agora em diante ele se chama Inconsciente. Estou sentado de frente para o Inconsciente, tomando notas do que vejo.

Formigas passeiam pelos meus pés, alvoroçadas. O som das águas me traz lembranças do sítio de Nogueira, que não deve ser longe daqui, no máximo meia hora de carro. Na minha infância, "subíamos" todo fim de semana, as férias eram sempre na serra. Lá, como aqui, as águas ditavam o ritmo da vida: na rua da frente passava um córrego que desaguava no traiçoeiro Piabanha, e uma ou duas vezes por ano o rio transbordava, arrastando carros, camas, geladeiras, cavalos, pessoas (lembro de um sofá que foi parar no campinho onde jogávamos bola e que ficou ali, servindo de arquibancada até a próxima enchente). Mas chega de lembrar. Não vim aqui para lembrar. Vim aqui para estar aqui.

O céu abriu, sopra uma brisa morna e úmida. Tenho no meu colo uma biografia de Tolstói, achei que era uma boa pedida para trazer "aqui pra natureza". Tolstói saberia os nomes de cada uma dessas árvores: esta é um araticum-do-mato, aquela uma pindaíba-vermelha, aquela outra um corobão. Para mim, as árvores se confundem, são ingredientes de um cenário hiper-realista erguido ao redor do banquinho para induzir — em mim e em todos os inquilinos do sítio que mantêm um diário — certo estado de contentamento, estimulando, dessa maneira, avaliações generosas nos sites de locação. Aquela árvore não é o meu pai. Aquela outra não é a cachorrinha branca do meu primeiro casamento, que, dia desses, sonhei que tinha morrido. Tanto verde me dispersa: distingo tons, contornos, mas não capturo as individualidades dos seres que chamo de árvores, e não de jequitibás, umbus ou o que seja, do mesmo jeito que os bichos que me escalam as pernas são apenas insetos, seres inferiores e incômodos.

Minha namorada e seus amigos foram para a cachoeira. Ia ser bom dar um mergulho, conviver. Dar mergulhos é a razão da viagem — sentir a pressão da água gelada nas costas, na nuca, os músculos se soltando. Dizem que é bom. Não sei dizer, nunca tomei banho de cachoeira. Só estive perto, olhando.

Na última meia hora não escrevi nada. Também não li e acho que não pensei. Queria me esparramar no banquinho ou na sombra de uma árvore, mas suspeito que os indistintos seres inferiores iriam acabar comigo. Um marimbondo pousa no banco, me alarmo, sinto que o inseto assustador também se assusta comigo. Quero escrever sobre o marimbondo, mas nada me vem. Melhor fotografar, penso, enviar aos amigos fotos de marimbondos como comprovação de que estive na assim chamada natureza, a natureza entre aspas, mero entorno, conceito forjado no Iluminismo para legitimar a proliferação do homem sobre espaços que não pertencem a ele. O inseto desaparece do meu campo de visão, tropeço nos meus devaneios — nas lembranças do que li em Keith Thomas quase uma vida atrás sobre a "invenção da natureza". Aprender a ficar quieto. Apenas olhar. E tomar notas.

Aquilo que Albert Piette chama de antropologia da tranquilidade, de fenomenografia da presença: a ênfase no singular, nas percepções. As superfícies.

E se o marimbondo me atacar? Eu conseguiria disfarçar meu medo — minha humanidade — a ponto de ele não me ver como ameaça? Formigas marcham em fila perto de mim, formigas graúdas, anabolizadas. Uma delas passeia no meu pé, sinto a formiga subindo, faz cócegas, mas, como ela não me ataca, apenas "deixo estar", sentei nesse banquinho para "deixar estar". Então vem o prurido, a ardência, a desgraçada me mordeu, ficou um calombo. Inseto fascista: a formiga me encara, percebo que está grogue, entorpecida com os açúcares e hormônios estressantes do meu sangue muito denso. Esmago a danada com o caderno e me dou conta de que o diário íntimo possui algumas funções inexploradas pela crítica — por exemplo a de pulverizar insetos.

Se penso, se faço planos, não estou aqui: estou de volta a Copacabana, aos bares de sempre, exibindo aos amigos fotos da natureza ou, horror dos horrores, abrindo uma conta no Instagram. Que bom que a internet não pega aqui.

A casa é aconchegante, espaçosa, arejada, feita com muita madeira e muito vidro. O quarto é bom, mas a cama é estreita, passei a noite me coçando — se bem que era um prurido da alma, nada a ver com pulgas e percevejos. A dificuldade de dormir em qualquer cama que não seja a minha.

Observando as gotinhas de chuva pingando no Inconsciente — só agora me dei conta de que é um laguinho artificial. Acho que vou subir, ler a vida de Tolstói na frente do grupo.

Ontem jogamos buraco até tarde, pulando de um assunto a outro, eufóricos. Fazia vinte anos que eu não jogava, mas as regras me vieram num estalo, como na anamnese de uma vida passada ou, o que é mais provável, das tardes com minha avó no quarto de móveis escuros do sítio de Nogueira, eu num banquinho e ela na cama, as costas apoiadas na parede, tramando canastras de ás a ás que — só ela conhecia a regra — valiam mil pontos, são "candelárias", minha avó dizia, se bem que "apoteose" é uma imagem mais justa para o leque de cartas se abrindo num truque, a apoteose do blefe. No meu primeiro casamento jogávamos buraco: minha ex era uma jogadora rodada, competitiva, fazia cálculos mentais para antecipar minhas ações e radiografar minha mão de cartas. Esses ardis me vieram ontem de noite, o que me alegrou, em linhas gerais acho que joguei bem. Já minha namorada não conseguia disfarçar o desgosto: me disse baixinho que não imaginava nada mais estúpido que jogar baralho. Concordo, eu disse, jogar baralho é estúpido, e nessa hora me veio um aforismo do Millôr Fernandes que repeti em voz alta para o grupo: "quem mata o tempo não é assassino, é suicida."

Minha ideia era entabular uma conversa sobre a natureza fluida do tempo, e polemizar com o aforista. Mas ninguém me deu ouvidos.

Tipos de jogadores. O amigo da minha namorada esquece as regras ou prefere não memorizar: seu objetivo é acelerar as partidas de dois mil pontos, intermináveis, e se liberar para ir fazer qualquer coisa que não seja jogar buraco. A amiga da minha namorada e o namorado do amigo da minha namorada têm espírito esportivo, o que, para aficionados como a amiga da amiga da minha namorada, pode ser irritante. No fim das contas, o baralho é só um pretexto para beber cerveja, comer amendoim e falar, falar... um pretexto para matar o tempo, para suicidar a viagem de férias.

Paco, um labrador que vive solto e nos segue nas trilhas — acho que se diverte com a visão dos humanos se refestelando na água, ruidosos. Ontem Paco roubou um graveto que minha namorada usava de cajado e foi para os arredores do laguinho mordiscar o pedaço de pau, que rolou para a água turva. O cão pondera, dá uns piques em volta do Inconsciente, mergulha: vai nadando até o graveto e o agarra com a boca, nada mais um pouco e me lança uns olhares de esguelha. Muito bem, Paco, digo. Mais tarde, tiro uma foto do cão fazendo pose de estátua, sentado em uma pedra quase da cor do seu pelo, marrom-claro, caramelo. Paco me traz a memória de Milka, a cadelinha de *Guerra e paz*, dormindo aos pés de Bolkonsky enquanto sonha que persegue uma lebre.

Nada acontece, e ainda assim tomo notas. Na dúvida, arquivo.

Mais de três horas no banquinho. O sol fez uma rápida visita e lambeu meu rosto por uns minutos, depois foi se esconder atrás da pedreira. É tempo de subir, de conviver. Coceira no nariz, espirros. Acho que sou alérgico à natureza.

Fizemos um churrasco — na verdade, eles fizeram, o grupo fez. Eu só comi. Foi bonito ver as nuvens se tocando, carregadas, e a luminosidade do sol se insinuando através delas, como num céu de Poussin.

T. J. Clark, sentado num banquinho de museu, observando duas telas de Poussin e tomando notas num diário, todo dia, meses a fio. "Estou só olhando", é a resposta que dá a quem quer saber o que está fazendo, em que consiste esse novo projeto.

É preciso rir, estar disposto: o imperativo da alegria. Não importa se estou espirrando, se dormi mal, se não entendo o funcionamento do meu corpo aqui na natureza.

Depois do churrasco (estava uma delícia, suculento), eu e minha namorada deitamos no sofá — ela se esfregando em mim, defumada, eu numa irritação tremenda, alérgico e arredio. Ela insiste, fico com vontade, e depois de alguma negociação nos retiramos para o quarto, o que se mostra uma decisão acertada — inclusive para o grupo, já que o nosso humor, e minha rinite, melhorou de forma sensível. Passamos o resto da noite bem próximos um do outro.

Total de páginas lidas hoje: duas.

Fui o primeiro a levantar, achei que me dedicaria ao caderno nos recessos de silêncio do comecinho da manhã. Mas cortei o dedo lavando louça: estava distraído, antecipando as horas no banquinho e vasculhando dentro de mim mesmo em busca do que tratar no caderno. O diário como ocupação de risco.

Não me lembrei de separar *band-aid* e mertiolate, mas trouxe livros para semanas, meses — agora tenho de improvisar um curativo com papel higiênico e um barbante sujo. A tentação de marcar o caderno com gotinhas de sangue: ideia mais besta.

O quebra-cabeça dos temperamentos, encaixe difícil. A amiga da minha namorada é a mais falante: sua voz dá cadência aos dias, dita o ritmo da casa. Se a escuto é porque preparativos são feitos, planos maquinados. Todas as decisões passam por ela: se o sítio fosse um experimento sociológico ou um *reality show*, a amiga da minha namorada seria a líder. Tenho a impressão de que passamos — o grupo passa — o dia tomando decisões, o que fazer para o almoço, se devemos racionar cerveja e fixar um horário para abrir a primeira latinha, se a carne moída está ficando azul ou é impressão, se vamos fazer o ratatá hoje mesmo ou só depois que vierem as faturas. "Tanto faz" — é a resposta que dou a tudo.

A amiga da amiga da minha namorada é a primeira a abrir uma latinha, meia hora depois do café da manhã, que tomamos por volta das onze. Ontem, ela estava inquieta com a catástrofe anunciada, o fim da cerveja — trouxemos nove caixas, mal deu para duas noites. Também estou agoniado, só não verbalizei. Puxaram uma reunião para tratar do assunto — que é dos mais delicados, reconheço. No fim das contas ninguém era a favor do racionamento: só queríamos parecer mais razoáveis do que de fato somos.

Na varanda, fiscalizando as toalhas que secam sob o sol: é preciso ficar alerta, a chuva vem sem alarde. O grupo saiu para comprar mantimentos — fundamentalmente cerveja — e, por esse motivo, faz um silêncio macio, revigorante. Não me vem nenhuma ideia para anotar no caderno, estou desguarnecido de impressões. Acho que só sei afiar a atenção em situações de antagonismo: burburinho, cantoria, condições adversas das quais preciso me afastar, que me ameaçam. Hoje quem vai abrir a primeira latinha sou eu.

Noto que minha namorada gostaria de se isolar um pouco, de encontrar um canto dela para ler e escrever no seu diário — ou para estar sozinha com seus pensamentos. Acontece que são os amigos dela aqui, não os meus: é possível que ela se sinta como a ponte ligando as duas ilhas, eles e eu. Se bem que, desde a jogatina, sinto que o convívio já não me pesa, e que em breve os amigos dela serão meus amigos também, o que quer dizer que em poucos dias já não vou ter uma desculpa aceitável — a timidez, por exemplo — para me esconder atrás do caderno. Ou dentro dele, imagem mais precisa.

Uma alegria dos começos é que a casca do hábito ainda não se formou — a repetição não começou a sufocar a experiência. É o que me permite estar aqui no sítio (um incômodo com os começos é que o silêncio não é viável, constrange). Até essa viagem, eu e minha namorada não tínhamos ficado tantas horas juntos. Durmo na casa dela e no dia seguinte estou de volta à minha cápsula de segurança, à companhia de livros e cadernos. Foi lá, na cápsula de segurança, que passamos a virada do ano (ela alugou o apartamento dela para custear a viagem). Com a intensificação do convívio vieram as disputas de território: minha cápsula é acanhada para duas pessoas com hábitos espaçosos como a leitura e a escrita, para duas pessoas com diários ativos.

O vulcão como metáfora do diário. Há diários ativos e inativos. Ou extintos. Cuidar do meu diário para que não aconteça a ele — para que não se torne inativo ou extinto.

Desdobrar (mas não aqui, não agora) as outras metáforas que me vieram: um novo relacionamento como ferida exposta, o hábito como casca protetora. Esse meu psiquismo...

Passamos a tarde no quarto, depois do almoço. Horas felizes. De vez em quando ouvíamos os passos da amiga da minha namorada, descendo a escada, cantarolando, falando sozinha, rindo de si mesma. Rimos também, não da amiga da minha namorada, mas da vocalização de cada pensamento, de cada gesto: não é diferente do que faço aqui.

Venta, noite fresca. Lendo a biografia de Tolstói enquanto minha namorada toma banho, logo voltaremos a ser parte do grupo. Tolstói em Iásnaia Poliana — que, na minha imaginação, ganha os contornos do Sítio das Águas — escrevendo *Guerra e paz*, essa subida ao Himalaia literário sem nenhum equipamento de proteção. O equilíbrio entre furor criativo e a domesticidade do casal ainda jovem, Liev e Sonia, dias que se dividem entre os labores da casa, da escrita — inclusive de dois diários, o dela e o dele — e os prazeres do convívio. Em poucos anos esses pequenos prazeres vão degenerar em tédio, em rancor, sei disso porque já li outras biografias de Tolstói e também porque, ao meu modo, já estive lá, não em Iásnaia Poliana, mas nos pântanos do azedume conjugal.

O amigo da minha namorada e o namorado do amigo da minha namorada estão no ápice do enamoramento: se procuram o tempo todo, não desgrudam. Deve ter algo de errado comigo, penso, grudado neste caderno como se estivesse enamorado dele.

Mais integrado à paisagem humana. Já no que diz respeito à natureza, a coisa é complicada. Passo o dia espirrando, é uma agonia.

Acordei cedo e vim para o banquinho. Choveu a madrugada toda, o Inconsciente está sujo, lamacento, não foi uma noite tranquila. O labrador Paco e a cadelinha beagle me fazem companhia: ela está enroscada nas minhas pernas, Paco fita o nada com cara de esfinge. Neblina encobrindo as montanhas, as árvores altas. Umidade. Filetes de água escorrem na pedreira, como se ela fosse um ser vivo e suasse em bicas.

Um vazio que não é angústia — é só tédio e algum desconforto muscular.

Com os cães por perto, as formigas se atêm a seus afazeres rotineiros e não se aventuram a trepar em mim. Gotinha de chuva pendendo de uma folha. Mais tarde, vou fazer faxina no banheiro, está uma pocilga — devo contribuir de alguma maneira, no limite das minhas habilidades, para o bem-estar coletivo. Nabokov dizia que quem não sabe os nomes das árvores não deve escrever sobre elas — aliás, deve desistir de escrever qualquer coisa. Fui reprovado no teste Nabokov, zerei a prova. Mas não sei se algo mudaria se, em vez de beagle e labrador, eu escrevesse cão e cão. O cheiro deles me agrada, bodum de pano de chão encardido, um cheiro confortável.

Por que é que o convívio com cão e cão e com árvore e árvore, e mesmo com inseto e inseto, não me enerva, enquanto estar entre humanos pode ser tão cansativo?

Escolhemos, o grupo escolheu muito bem: há algo de mágico no Sítio das Águas. Risco a palavra "mágico", ponho de volta. Soa piegas, mas que se dane. Magia é a palavra.

Tudo que respira, tudo que se enraíza está em movimento. Olho para as árvores e julgo identificar nelas uma angústia sugadora, semelhante à dos bebês: chupar a terra, extrair nutrientes, filtrar gás carbônico. O trauma da fotossíntese.

Inventário das sujeiras, dos detritos. Latas e mais latas de Heineken em sacos azuis abarrotados, vazando líquido morno por furinhos imperceptíveis. Uma barata com as patas para cima no chão da cozinha. Pó, areia, lama — em cada canto, em todos os cômodos. Restos de bolo, migalhas de pão. Guimbas de cigarro. Cinzeiros explodindo. Cascas de amendoim.

Aquilo que Georges Perec chama de infraordinário: ruídos de fundo, as sobras de um dia, o que está sempre ali, mas já não conseguimos, nunca soubemos ver. O corriqueiro.

Tremenda alergia. Espirrando e fungando, coceira no nariz, no corpo todo. Deve ser a lei das compensações: não pode haver contentamento sem punição proporcional.

Não, não acho que meus cadernos tenham "valor literário", ainda assim não penso em me desfazer deles. O que me traz aqui é o hábito: me acostumei a ter um diário, é parte da rotina, do mesmo jeito que algumas pessoas jogam futebol no domingo ou tomam chá no fim da tarde. No começo era um frenesi, cada frase uma diversão. Deixou de ser: agora é um encargo como qualquer outro. Por isso não me espanta que a fantasia de queimar os próprios cadernos seja tão assídua entre diaristas: Kafka pediu a Brod que desse fim aos dele, David Rieff cogitou queimar os de Sontag (sua mãe) para se desincumbir de editá-los, Karl Ove fez uma fogueira com suas agendas de juventude, Piglia já fragilizado aparece num filme fazendo arder um dos seus cadernos. Quanto a mim, não quero destruir os meus. Quero cuidar deles, espantar o azedume, quero que nossa relação melhore e não restem mágoas: sei como terminam esses amores. Certa vez — eu tinha quinze ou dezesseis anos —, taquei fogo nas minhas agendas, na sacada do apartamento em que vivia com meus pais e minha irmã, cinco anos da minha adolescência num saco plástico de cem litros. Risquei um fósforo, faltava pouco para que meus dias insípidos e minha má poesia não tivessem existido, mas o fogo custou a pegar, o combustível não era dos melhores: só o que queimou foi o saco de lixo, liberando fumaça tóxica e alarmando o porteiro e o vizinho. Em poucos minutos eles vieram esmurrar a porta, extintor e balde nas mãos — a brigada de incêndio que apagaria os meus diários.

Meu castigo: quatro consultas num psicólogo. Do que é que você desejava se livrar?, ele perguntava. Eu não sabia dizer. Não era do arquivo em si: a memória não é matéria inflamável. Acho que o que eu queria reduzir a cinzas era o automatismo da escrita, a pobreza das descrições e imagens, a falta de recursos narrativos — a minha vergonha.

Um diário que não deixa de pensar a si mesmo, de esquadrinhar a fragilidade da sua condição: um "espelho perguntador", na imagem de Abel Barros Baptista.

O grupo acaba de voltar da cachoeira. Riem, falam alto — conversam sobre flatos, sobre as precariedades do baixo corporal, sobre a realidade peristáltica e as demandas da vida intestina. O assunto me interessa: cogito largar o caderno de lado e me juntar a eles.

Um escorpião dá as caras no banheiro, e a amiga da minha namorada — que é quem toma as decisões por aqui — me chama num canto para abrir um inquérito contra o artrópode peçonhento. Traçamos cenários (chinelo, veneno de barata, pensamento mágico) sem, no entanto, fixar um veredito. Muda a cena, a amiga da amiga da minha namorada precisa ir ao banheiro, mas estamos bloqueando a porta. Aponto o escorpião, ela ri — então derruba o bicho com um tapa e o esmaga com o calcanhar esquerdo.

A algaravia noturna dos seres da mata: sou o único bicho silencioso por essas bandas.

Tolstói torrando a herança na jogatina. Tolstói aprendendo a tocar piano. Tolstói na Chechênia. Tolstói decidido a estudar línguas orientais. O dia em que o jovem Tolstói se lança da janela porque estava certo de que tinha o dom de voar. Tio Fiodor, o "americano", retornando do Pacífico com o corpo tatuado dos pés ao pescoço. Como os Rostov e os Bolkonski são inspirados nos troncos da família Tolstói. O soldado Tolstói atacando chechenos com selvageria, fantasiando uma condecoração por bravura. O dia em que Tolstói impressionou seus camaradas do exército ao erguer com as mãos um homem de setenta e poucos quilos.

Deitados no quarto, a preguiça de começar o dia. Por que a porta do armário está sempre aberta quando a gente acorda?, ela pergunta. Achei que você abria na hora de dormir, pra arejar. Em resumo: creio que um fantasma arruaceiro vem nos visitar de madrugada.

Muito do que vinha me queixando — falatório, imperativo da alegria — não me aborrece mais. Sigo encantado com as manhãs: mudei de horário aqui no sítio (em casa não vou deitar antes das três). De tardinha, me engajo nas conversas, já não passo o dia no lago de águas turvas: a algaravia humana soa acolhedora, mais até do que o som das águas. Quando é que estar aqui (no sítio, no caderno) se tornaria insuportável?

David Bowie numa caixinha de som xexelenta — "waiting for the gift of sound and vision".

No dia do churrasco, tirei uma foto da pedreira: só hoje reparei que saiu manchada por uma explosão de luz, um feixe alaranjado. Lembro do que li numa *Planeta* antiga, que minha mãe guardava atrás do bidê: feixes alaranjados são cliques dos seres etéreos irrompendo na realidade visível. Na época, a explicação me impressionou, lembro de dizer a mim mesmo que não gostaria de tirar uma foto dessas, nunca. Fico achando que deve ser um fenômeno ótico, explicável pelas leis da refração. Seja como for, me arrepiei.

Hoje não fui ao Inconsciente — choveu, a grama está enlameada. Minha namorada está comigo no sofá, lendo Virginia Woolf. A consciência da sua presença no mesmo ambiente me acalma e ao mesmo tempo me inibe. Inibe a escrita, é o que quero dizer. A dificuldade de escrever sem estar só — e, no entanto, não haveria o menor problema se eu estivesse num café, numa biblioteca, ou mesmo num banco de metrô.

Pequenos tufos de grama aqui e ali, como na barba rala de um adolescente. A pedra um gigante preguiçoso, deitado de bruços num sono ancestral. Queria um sono desses.

Gradações do verde: o verde quase amarelo na folhagem dos arbustos, a cor opaca da grama cortada rente, meio morta. O amarelo radiante dos bambuzais: um amarelo que só deve existir nas plantas, na plumagem dos pássaros, nas escamas dos répteis. Aprender a enxergar — mas isso levaria uma vida inteira.

Um homem que localiza cavernas pelo cheiro num documentário de Herzog — e que fantasia reconstruir, artificialmente, os eflúvios do paleolítico. Um homem que é todo nariz.

Os eflúvios do Sítio das Águas.

Uma trilha cheia de limo, de folhas úmidas e raízes imensas, expostas, que me servem de apoio na caminhada até a cachoeira. Só vamos eu e minha namorada, mais ninguém: ela insistiu, e acabei consentindo em dar esse primeiro mergulho. São quinze minutos mata adentro até avistar a lagoa, que é mesmo bela, bela e pedregosa: tenho de pisar com cuidado, primeiro uma pedra depois a outra, são lisas e irregulares, vou pisando e a água me cobre os tornozelos, os joelhos. Quando sinto que peguei o jeito, dou um passo em falso e escorrego: afundo de imediato com meu peso, minha corpulência, e se não arrebento o crânio numa pedra é pura sorte. Minha namorada me ergue pelos ombros, volto à superfície. Se alguém nos observasse de longe diria que ela estava me batizando, e talvez fosse isso mesmo. Tusso o líquido que engoli, me recomponho, sigo caminho com passos de astronauta, água na cintura, até alcançar a cachoeira. Sinto os jatos de água gelada nas mãos, nos braços, depois nas costas e na cabeça: os músculos se soltam, o sangue resfria, os pensamentos me abandonam, por uns instantes sinto que estou integrado ao meu corpo, que superamos nossas desavenças. Paco e Paçoca (na estrada de terra alguém gritou, de uma caminhonete, "entra pra dentro, Paçoca", e assim, nos estertores da viagem, descobrimos como se chama a cadelinha) nos seguiram até a cachoeira. Na realidade, são eles que nos guiam, Paco tranquilão, Paçoca alvoroçada, revirando folhas úmidas, fuçando troncos caídos, dando piques e se embrenhando na mata fechada para reaparecer segundos depois, lépida, como se desejasse nos comunicar uma descoberta, notem que interessante é o mundo, ela diria, tão rico de cheiros e sensações e de insetos cavando túneis no solo molhado, vejam como é bom correr com a língua de fora, revirar a terra, se sujar de lama, por que vocês não tentam? Já Paco não dava bola para Paçoca: ia no nosso ritmo, atento e sereno, farejando cobras e escorpiões e nos mantendo longe deles. Agora na casa reina o silêncio, não sei o que foi feito do grupo. Recolho as toalhas, parece que vem tempestade.

Paco dá um jeito de abrir a porta e vagabundear pelos quartos — acho que sentiu o cheiro da comida sendo preparada. Chispa daqui, digo, e o cão me encara com espanto. Sinto vergonha de mim mesmo, Paco nos escoltou pelas brenhas, nos protegeu das cobras, e isso é o que recebe em troca por sua lealdade. O grupo faz uma reunião de emergência e decide que Paco merece uma prenda, uma pelanca de barriga de porco que de todo modo iria para o lixo. Chamo o cão e ele vem num pique, afoito, salivando. Melhor atirar longe, penso, mas, antes que eu concluísse meu raciocínio, Paco abocanha a pelanca num salto. Engole sem mastigar, engasga, vomita e come de novo, lambe os beiços. Depois me olha daquele jeito, com aquela cara. De nada, Paco.

O céu é um tapete azul-escuro mordido pelas traças. Pelos furinhos no tapete descomunal vazam faíscas de uma realidade incandescente, da outra natureza. Vou dormir com um verso de Brodsky ressoando dentro de mim — "I wish I knew no astronomy when stars appear" — e sonho com andarilhos ao relento numa noite fresca, os olhos fixos no tapete azul-escuro, nenhum pensamento na cabeça.

O menor ensaio do mundo

Bernardo Brayner

Minha mãe odiava com disciplina os gibis de super-heróis. Mas, com *Fantasma: o espírito que anda*, era diferente. Ela comprava as revistinhas e nos presenteava.

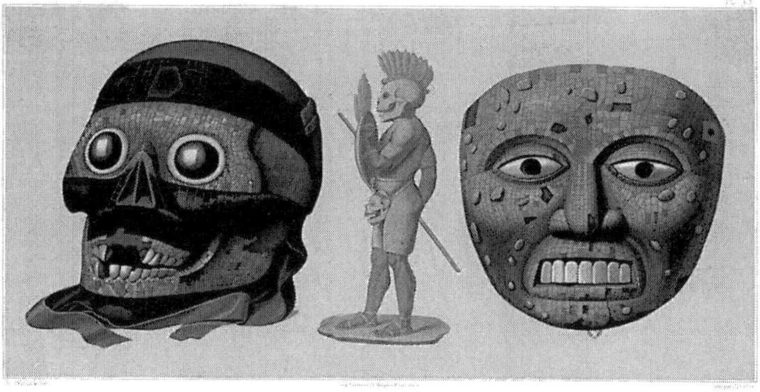

Apresentava para os filhos o casamento do Fantasma, os filhos gêmeos do Fantasma, o cachorro do Fantasma, o cavalo do Fantasma.

Nas histórias, Kit Walker é o vigésimo primeiro em uma linhagem de homens que juraram combater o crime desde que o navio do primeiro deles foi atacado por piratas.

"Juro que dedicarei toda minha vida à tarefa de destruir a pirataria, a ganância, a crueldade e a injustiça. E meus filhos e os filhos de meus filhos me perpetuarão."

Figura de transição entre dois mundos da cultura pop, o Fantasma tem um pé nas histórias *pulp* do começo do século XX e outro no vasto mundo dos super-heróis fantasiados que viriam a seguir.

Foi criado por Lee Falk em 1936, tem um lobo chamado Capeto, um cavalo chamado Herói e vive na Caverna do Crânio, no fictício país africano Bangalla, Bengali ou Bengala, um território que se confunde entre África e Ásia, habitado pelos fiéis pigmeus Bandar.

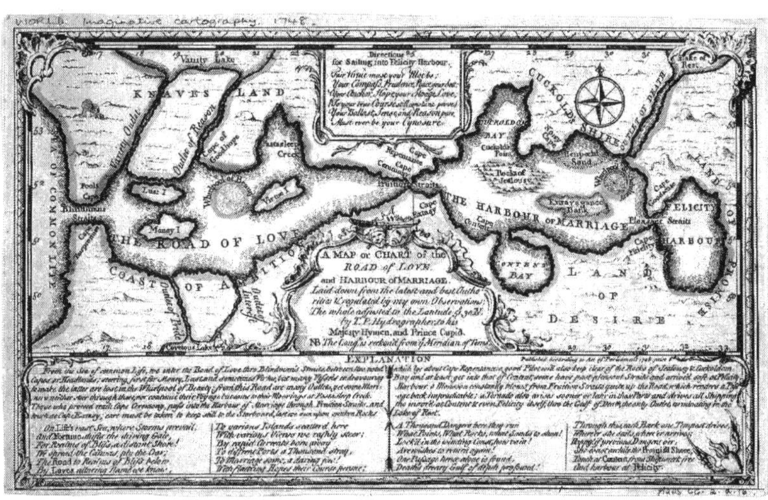

Quando iniciou sua carreira como autor de tiras de jornal e histórias em quadrinhos, Lee Falk se apresentava como um experiente explorador, que conhecia segredos de civilizações perdidas, uma espécie de Indiana Jones. Sua maior criação, o Fantasma, faz parte de uma outra dinastia, a dos homens brancos que reinam entre os povos exóticos: Tarzan, Jim das Selvas. Todos derivados de *O livro da selva*, de Rudyard Kipling.

Às vezes colonialista e às vezes lutando contra os colonialistas, sempre se atribuiu ao personagem uma grande flutuação política. Já disseram que o Fantasma racista e colonialista na verdade não era o Fantasma, mas sim o pai do Fantasma, ou o pai do pai. O racismo como herança que passa de filho para pai. O progresso é apenas para os descendentes. Em *An elemental thing*, Eliot Weinberger escreve:

> Neste mundo, o progresso é apenas para os nossos descendentes. Eles terão mais chances do que nós. É claro que todas as coisas belas já vistas no nosso mundo já foram vistas — estão sendo vistas neste instante e sempre serão vistas — pelos nossos descendentes, e por seus duplos que os precederam e que virão a seguir. Herdeiros de uma humanidade mais refinada, eles já zombaram e injuriaram as nossas existências em mundos mortos, enquanto nos alcançavam e nos sucediam. Eles continuam a nos desprezar nos mundos vivos dos quais desaparecemos, e seu desprezo por nós não terá fim nos mundos que virão.

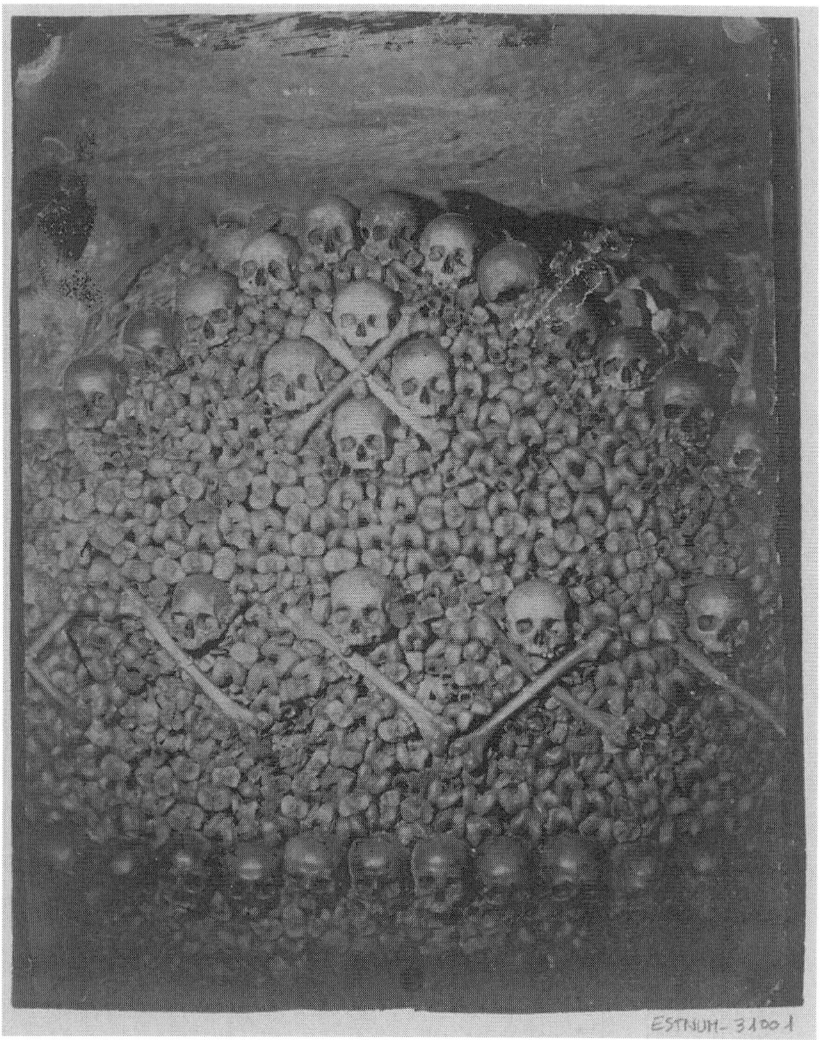

O Fantasma é, também, o homem que se cria sozinho, na floresta, um Robinson Crusoé cercado de verde que se recusa a voltar para casa, um Sr. Kurtz que ninguém percebe que está louco. O espírito que anda é uma representação das fantasias de justiça e poder, de amor e de domínio, de controle do que é exótico e diverso. O exotismo se torna comercial já no século XIX, se confundindo com a própria expansão do capitalismo. César Aira escreve que, na literatura, o europeu se insere no mundo exótico como uma metáfora do escritor em seu trabalho: "Estranhando a si próprio para fabricar um olhar."

A reprodução desse procedimento é a transformação do livro em mercadoria. A reprodução infinita das publicações do Fantasma é o aparato perfeito para a história de alguém que, aos olhos dos outros, nunca morre. A reprodução infinita das lembranças que temos dos gibis da infância dispara essa máquina de *mise en abyme*. Com o objetivo de recuperar algo mais, que minha mãe falava naquele começo dos anos 1980, reli uma edição com as primeiras aventuras do mascarado e desisti no meio, perdido pela ingenuidade da história: um complô dos Singh, piratas chineses.

Já escreveram que ler nas entrelinhas — como se sempre houvesse algo cifrado — é em si um ato político.

A alguém confinado em tempo de grande doença e morte talvez só reste ler mundos distantes e nostálgicos. Retirar-se do mundo também é um ato político.

Por que esse fascínio da minha mãe por uma dinastia que aos olhos dos outros é uma pessoa só? O fantasma é o herói que enganou a morte sem recorrer a ressurreições. É a ficção tornada gente, assombrando quatrocentos anos de História, é a herança cultural que se deve passar para frente.

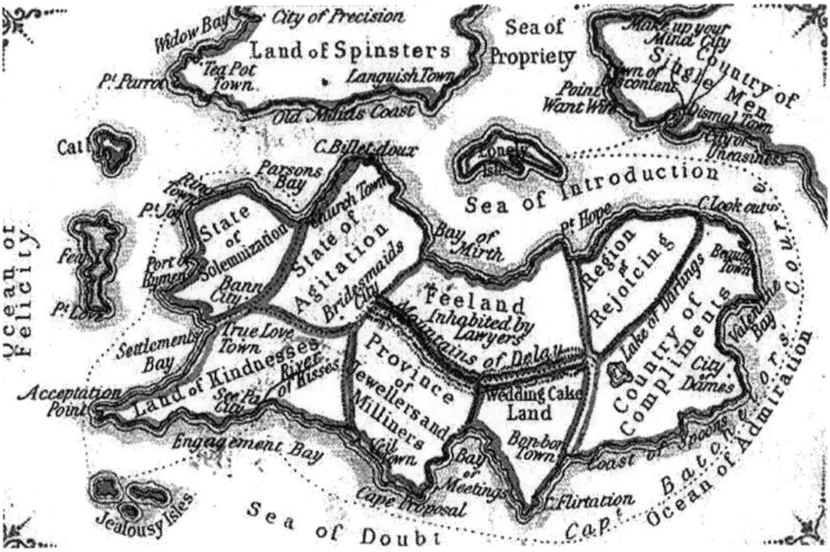

"E meus filhos e os filhos de meus filhos me perpetuarão."

Um pigmeu, escrevendo um ensaio-pigmeu, dedica à sua mãe o escrito. Um ensaio perdido em florestas remotas, um ensaio dentro de uma garrafa jogado no mar, um ensaio atacado por piratas faz seu juramento diante de um crânio, um mapa confuso que se contrapõe à grandeza dos heróis. Com sorte, ele, o ensaio, e ela, a minha mãe, serão os únicos fantasmas deste mundo.

SOBRE OS AUTORES

Alberto Giordano é crítico e ensaísta. Professor de Teoria Literária na Universidad Nacional de Rosario (UNR) e pesquisador do Consejo Nacional de Investigaciones Científicas (Conicet). É autor, entre outros, de *Volver a donde nunca estuve: algo sobre mi padre* (2020), pela Bulk Editores; *El tiempo de la convalecencia* (2017) e *El tiempo de la improvisación* (2019), pela Ivan Rosado; *A senha dos solitários: diários de escritores* (2017), pela Papéis Selvagens; *Modos del ensayo: de Borges a Piglia* (2005), pela Beatriz Viterbo Editora; e *El giro autobiográfico de la literatura argentina actual* (2008), pela Mansalva.

Antonio Marcos Pereira é professor de Literatura Brasileira na Universidade Federal da Bahia (UFBA) e doutor em Estudos Linguísticos pela Universidade Federal de Minas Gerais (UFMG). Co-organizou os livros *Toda a orfandade do mundo: escritos sobre Roberto Bolaño* (Relicário, 2016) e *Palavras da crítica contemporânea* (Paralelo13S, 2017). Pesquisa temas afins às poéticas das produções no espaço biográfico e manifestações experimentais no ensaio e na crítica.

Bernardo Brayner nasceu no Recife. É escritor e ensaísta, publicou *Bicho geográfico* (Cepe, 2021), *O livro dos tubarões* (Fresta Editorial, 2020) e "Perec e eu", ensaio que saiu na *serrote* # 37. *Tudo é grande demais para a pobre medida da nossa pele* será lançado em breve pela Papéis Selvagens.

Felipe Charbel é professor do Instituto de História da Universidade Federal do Rio de Janeiro (UFRJ) e pesquisador do CNPq. Autor dos livros *Janelas irreais: um diário de releituras* (Relicário, 2018) e *Timoneiros: retórica, prudência e história em Maquiavel e Guicciardini* (Editora da Unicamp, 2010). Co-organizou a coletânea *As formas do romance: estudos sobre a historicidade da literatura* (Ponteio, 2016). Publicou ensaios nas revistas *serrote*, *piauí* e *peixe-elétrico*.

Gustavo Naves Franco é professor da Escola de Letras da Universidade Federal do Estado do Rio de Janeiro (Unirio) e doutor em História Social da Cultura pela PUC-Rio. Tem ensaios publicados sobre Jorge Luis Borges,

Patricia Highsmith, Raymond Carver, Amós Oz, Lorrie Moore, Alice Munro e outros autores e temas da narrativa contemporânea. Escreve sobre astrologia, psicologia e literatura no blog *Luas de Júpiter: astros, arquétipos, livros e presságios* (luasdejupiter.com).

Ieda Magri é professora do departamento de Literatura Brasileira e Teoria da Literatura da Universidade do Estado do Rio de Janeiro (UERJ). É autora dos romances *Ninguém* (7Letras, 2016), *Olhos de bicho* (Rocco, 2013), *Tinha uma coisa aqui* (7Letras, 2007) e do ensaio *O nervo exposto: João Antônio, experiência e literatura* (Lume, 2013). Organizou, com Paulo Moreira e Saulo Lemos, o e-book *Literatura e crítica contemporânea na América Latina*. Sua pesquisa atual, *Literatura brasileira e latino-americana: questões de inserção no cenário contemporâneo*, é apoiada pela Faperj no programa Jovem Cientista do Nosso Estado (JCNE).

Matías Serra Bradford nasceu em Buenos Aires, é escritor, crítico e tradutor. Autor dos romances *Manos verdes* (2004), *La biblioteca ideal* (2009), *El secreto entre los rusos* (2016), *La guillotina* (2018) e *Diario de un invierno en Tokio* (2020). Em *Diarios y miniaturas* (1999), reuniu textos breves. Também publicou a antologia de poetas britânicos *La isla tuerta* e traduziu livros de Michael Hamburger, Aldous Huxley e Ian Sinclair. Seus textos foram traduzidos para o inglês, francês, húngaro e português.

Nora Avaro é professora de Literatura Argentina na Universidad Nacional de Rosario (UNR). Publicou *La enumeración: narradores, poetas, diaristas y autobiógrafos* (2016) e *Denuncialistas, literatura y polémica en los '50* (em colaboração com Analía Capdevila, 2004). Editou *Un arte vulnerable: la biografía como forma* (em colaboração com Judith Podlubne e Julia Musitano, 2018), *Conocimientos de la Argentina: estudios literarios reunidos de Adolfo Prieto* (2015) e *Obra poética y pictórica de Emilia Bertolé* (2019).

Paloma Vidal nasceu na Argentina e veio para o Brasil aos 2 anos de idade. É escritora, tradutora e professora de Teoria Literária da Universidade Federal de São Paulo (Unifesp). Publicou os livros de ensaios *Escrever de fora: viagem e experiência na narrativa argentina contemporânea* (Lumme Editor, 2011), *Estar entre: ensaios de literatura em trânsito* (Papéis Selvagens, 2019) e as ficções *Mais ao sul* (Língua Geral, 2008), *Algum lugar* (7Letras, 2009),

Ensaio de voo (Quelônio, 2018), *Não escrever* (Malha Fina Cartonera, 2018) e *Pré-história* (7Letras, 2020). É editora da revista *Grumo* e idealizadora do ciclo de palestras performáticas *Em obras.*

Rafael Gutiérrez é escritor, editor e crítico literário. Professor de Literatura Hispano-Americana na Faculdade de Letras da Universidade Federal do Rio de Janeiro (UFRJ). É autor do romance *Como se tornar um escritor cult de forma rápida e simples* (7Letras, 2013), do livro de poemas *A orelha de Holyfield* (7Letras, 2019) e do livro de crítica *Formas híbridas* (Circuito, 2017). Desde 2016 coordena a Editora Papéis Selvagens no Rio de Janeiro.

Tamara Kamenszain é poeta, ensaísta e professora. Seu livro de poemas *O livro dos divãs* (2015) foi traduzido para o português por Paloma Vidal e Carlito Azevedo, assim como *O gueto* e *O eco da minha mãe* (7Letras, 2012). Entre seus ensaios, destacam-se *Histórias de amor* (2000), *A boca do testemunho* (2007) e *Uma intimidade inofensiva: os que escrevem com o que têm* (Eterna Cadencia, 2016), que foram parcialmente publicados no Brasil pela Zazie Edições, traduzidos por Luciana di Leone; *O livro de Tamar* (Eterna Cadencia, 2018) e *Libros chiquitos* (Ampersand, 2020). Recebeu, entre outras premiações, o Primeiro Prêmio Municipal de Ensaio, a bolsa Guggenheim, o Prêmio Konex, a Medalha de Honra Pablo Neruda, e, pela reunião de sua obra, o prêmio da Feira do Livro de Buenos Aires de melhor livro publicado em 2012 e o Premio Lezama Lima, de Cuba.

Teodoro Rennó Assunção é professor de Língua e Literatura Grega Antiga na Faculdade de Letras da Universidade Federal de Minas Gerais (UFMG). Mestre em Letras Clássicas pela USP (São Paulo) e doutor (e pós-doutor) em História e Civilizações pela Escola de Altos Estudos em Ciências Sociais (Paris, França), é professor associado de Língua e Literatura Grega Antiga na Faculdade de Letras da UFMG, tendo sido editor ou coeditor da revista acadêmica *Nuntius Antiquus* (de 2011 a 2020) e co-organizador do livro *Ensaios de retórica antiga* (2010). Poeta de um livro só, *Restolho & Necrológio* (1997), e crítico de arte bissexto (organizador do livro *Isaura Pena,* da coleção "Circuito Atelier" da C/Arte, 2000), Teodoro Rennó é, sobretudo, um escritor de prosa contemporânea, que mistura os gêneros do ensaio, da autobiografia (ou memória) e do conto, tendo publicado quatro livros: *Ociografias* (1993), *Ensaios de escola* (2003), *Autociografias* (2006) e *Extra-vacâncias* (2008).

SOBRE OS TRADUTORES

Carlito Azevedo

Carlito Azevedo nasceu no Rio de Janeiro. Poeta e tradutor, já em sua estreia foi premiado com o Jabuti por *Collapsus Linguae* (1991). Dois anos depois, publicou *As banhistas*, seguido de *Sob a noite física* (1996) e *Versos de circunstância* (2001). Em 2001, reuniu seus poemas na antologia *Sublunar*. Em 2009, lançou *Monodrama*. Seu livro mais recente é *O livro das postagens*, de 2016. Foi editor da revista *Inimigo rumor* e atualmente dá aulas em uma oficina de poesia on-line organizada pela 7Letras.

Claudia Dias Sampaio

Professora de Teoria Literária e Literatura Brasileira na Universidade Nacional Autônoma do México (Unam) e pesquisadora da Faculdade de Filosofia e Letras da mesma universidade, onde coordena o Seminário de Pesquisa Lenguaje Poético y Pensamiento Crítico sobre el Contemporáneo en Iberoamérica. Traduziu peças de teatro, roteiros de cinema, ensaios, artigos e poemas de autores como Juan Villoro, Eduardo Milán e Mariana Gandara. É doutora em Letras/Teoria Literária pela UFRJ.

Paloma Vidal nasceu na Argentina e veio para o Brasil aos 2 anos de idade. É escritora, tradutora e professora de Teoria Literária da Universidade Federal de São Paulo (Unifesp). Publicou os livros de ensaios *Escrever de fora: viagem e experiência na narrativa argentina contemporânea* (Lumme Editor, 2011), *Estar entre: ensaios de literatura em trânsito* (Papéis Selvagens, 2019) e as ficções *Mais ao sul* (Língua Geral, 2008), *Algum lugar* (7Letras, 2009), *Ensaio de voo* (Quelônio, 2018), *Não escrever* (Malha Fina Cartonera, 2018) e *Pré-história* (7Letras, 2020). É editora da revista *Grumo* e idealizadora do ciclo de palestras performáticas *Em obras.*

SOBRE OS ORGANIZADORES

Felipe Charbel é professor do Instituto de História da Universidade Federal do Rio de Janeiro (UFRJ) e pesquisador do CNPq. Autor dos livros *Janelas irreais: um diário de releituras* (Relicário, 2018) e *Timoneiros: retórica, prudência e história em Maquiavel e Guicciardini* (Editora da Unicamp, 2010). Co-organizou a coletânea *As formas do romance: estudos sobre a historicidade da literatura* (Ponteio, 2016). Publicou ensaios nas revistas *serrote, piauí* e *peixe-elétrico.*

Ieda Magri é professora do departamento de Literatura Brasileira e Teoria da Literatura da Universidade do Estado do Rio de Janeiro (UERJ). É autora dos romances *Ninguém* (7Letras, 2016), *Olhos de bicho* (Rocco, 2013), *Tinha uma coisa aqui* (7Letras, 2007) e do ensaio *O nervo exposto: João Antônio, experiência e literatura* (Lume, 2013). Organizou, com Paulo Moreira e Saulo Lemos, o e-book *Literatura e crítica contemporânea na América Latina.* Sua pesquisa atual, *Literatura brasileira e latino-americana: questões de inserção no cenário contemporâneo,* é apoiada pela Faperj no programa Jovem Cientista do Nosso Estado (JCNE).

Rafael Gutiérrez é escritor, editor e crítico literário. Professor de Literatura Hispano-Americana na Faculdade de Letras da Universidade Federal do Rio de Janeiro (UFRJ). É autor do romance *Como se tornar um escritor cult de forma rápida e simples* (7Letras, 2013), do livro de poemas *A orelha de Holyfield* (7Letras, 2019) e do livro de crítica *Formas híbridas* (Circuito, 2017). Desde 2016 coordena a Editora Papéis Selvagens no Rio de Janeiro.

1ª EDIÇÃO [2021]

Esta obra foi composta em Crimson Text e Lato sobre papel
Pólen Soft 80 g/m² para a Relicário Edições.